Sag

GIULIO TREMONTI

Guerra o pace

SOLFERINO

SOLFERINO

www.solferinolibri.it

ISBN 978-88-282-1596-7
Prima edizione: gennaio 2025

Guerra o pace

Premessa

Viviamo e vediamo oggi, al principio di questo millennio, un tempo drammatico, un tempo non diverso da quello che pure drammaticamente è stato vissuto e visto alla metà del passato millennio, nel Cinquecento.

Come è stato nel Cinquecento, così oggi viviamo e vediamo infatti un «salto d'epoca», un salto simile a quello per cui Shakespeare fa dire ad Amleto: «*The time is out of joint*», il tempo si è scardinato.

Ed è proprio per questo che riflettere su quello che è stato allora ci può aiutare a capire quello che sta accadendo ora.

In effetti, nel corso del Cinquecento sono stati vissuti e visti, e vissuti e visti tutti insieme, gli effetti di quattro fatti «rivoluzionari»: la scoperta dell'America, l'invenzione della stampa, il primo caos finanziario globale e infine, da est, l'attacco musulmano all'Europa.

Vediamoli più in dettaglio:

1. con la scoperta dell'America, l'asse geopolitico dell'Occidente cominciò a ruotare, dal Mediterraneo all'Atlantico. E in quel periodo, non per caso, si consolidarono nuovi Stati-nazione: il Portogallo, la Spagna, la Francia, il Regno Unito.
E poi nuove religioni, quelle protestanti, molto più *business friendly* rispetto alla cattolica romana, e dunque più adatte allo sfruttamento mercantile del Nuovo Mondo. Simmetricamente, e per conseguenza, ebbe inizio il progressivo declino economico e politico delle vecchie e gloriose Repubbliche italiane: Venezia, Genova e Firenze;

2. con l'invenzione della stampa si liberò il sapere. Nel corso del Medioevo, ma a lungo anche dopo, il sapere, tramandato dall'antichità, era stato custodito, e qualche volta manipolato, all'interno dei monasteri.[1] Proprio come raccontato nel *Nome della rosa*!
Fu con la stampa che da Aristotele e Tolomeo si passò a Copernico e Galileo. E fu soprattutto con la stampa che il sapere cessò di essere misteriosa fonte

di potere per divenire fonte rivoluzionaria di nuova civiltà e ricchezza. Il *De revolutionibus orbium coelestium* di Copernico è del 1543, e non per caso nella *Montagna incantata*[2] il gesuita Naphta racconta come tutto nel suo mondo fosse cambiato proprio con il radicale passaggio da Tolomeo a Copernico. Soprattutto, è stato con il *cogito ergo sum* di Cartesio che la scienza moderna ha iniziato il suo sviluppo rivoluzionario;

3. l'importazione dalle Americhe di enormi masse d'oro e di argento, masse che venivano immesse all'interno di economie che al vertice erano già finanziariamente molto sofisticate, ma che alla base erano ancora rurali e arcaiche, fu la causa del primo caos finanziario globale.
Per avere un'idea di tutto questo: per sei volte consecutive andò in default il Regno di Spagna, un regno che importava dalle Americhe crescenti quantità di oro e argento e con queste tentava di pagare, via via che i galeoni arrivavano dal Nuovo Mondo, gli interessi sui megadebiti che inesorabili maturavano a suo carico;

4. dopo la conquista di Costantinopoli[3] il primo assedio di Vienna avvenne già nel 1529. E questa

fu la ragione dell'allarme lanciato da Martin Lutero e da Erasmo da Rotterdam per il drammatico rischio che, per via dell'invasione musulmana, correva l'intera cristianità, la civiltà allora dominante in Europa. E comunque, e non per caso, è stato proprio nel Cinquecento che la parola «Europa» si è diffusa nel linguaggio comune.

Nell'insieme, tutto questo ebbe a generare un *Mundus furiosus*.[4]

Oggi è più o meno lo stesso, con la storia che doveva essere finita con l'avvento della globalizzazione e che invece è tornata, per effetto di quattro fenomeni parallelamente rivoluzionari:

1. la «scoperta» dell'Asia e soprattutto della Cina. Scoperta prima economica ma poi anche politica. Al principio della globalizzazione si usava dire che la Cina si sarebbe messa in cammino verso la prosperità e verso la democrazia. Verso la prosperità, sicuro. Verso la democrazia… non proprio!;

2. l'avvento della Rete, oggi alla base di un nuovo e rivoluzionario *digito ergo sum*. E in specie, se oggi vediamo che la globalizzazione è entrata in crisi come utopia economica e politica, vediamo

però che non è entrata in crisi nella sua dimensione tecnica. Ed è così che oggi, «navigando» in Rete come una volta si navigava nell'incognito degli oceani, ci stiamo spingendo dentro una dimensione della modernità artificiale ma esistenziale, per tanti versi ancora ignota e quasi folle;

3. sulle antiche monete era impressa la testa della pecora, l'animale che allora era il simbolo della ricchezza. Ed è proprio per questo che ancora oggi si usano i termini «pecuniario» e «capitalismo», derivati appunto da *pecus* e da *caput*.
È stato solo con l'avvento della cartamoneta che hanno iniziato a essere stampati simboli politici: prima le teste dei sovrani, poi quelle dei presidenti. Oggi sugli euro sono simbolicamente impresse immagini di edifici e monumenti.
E tuttavia sembra che oggi i «sovrani» della moneta, le nuove «pecore», abbiano perso la testa, impazziti nel loro vagare senza tregua nella massa globale e iperbolica della finanza e dei debiti. Una massa che, per effetto della continua produzione digitale di segni monetari, di segni paramonetari, di segni neomonetari, ormai non si conta più in *billion* ma in *trillion*, e neppure più solo così!

Un vagare senza tregua tra algoritmi e bitcoin, tra arbitraggi speculativi e *trader robot*, che nell'insieme genera il rischio reale e non marginale che si ripeta una crisi finanziaria simile a quella del 2008. Infatti, come allora il debito non è un problema… finché non lo diventa;

4. dal Baltico al Mar Nero, dal Medio Oriente al Mar Rosso, è tornata la guerra. Non due guerre, ma un'unica guerra, da nord a sud, e tutta proveniente da est.
Guerra da nord: un tempo, forte dell'ideologia comunista, Stalin usava dire: «La Russia confina con chi vuole». Oggi Putin, muovendo a ritroso nella storia della Russia, ci fa sapere che il suo futuro è nel suo passato, e coincide con la sua tradizione, con la sua religione, con la sua anima e – appunto – con i suoi antichi confini. A partire, oggi, dall'Ucraina!
Più a sud, dal Medio Oriente al Mar Rosso, non diversamente la guerra fatta dal mondo musulmano è in difesa delle sue tradizioni, contro l'empietà blasfema dei costumi occidentali. Una guerra in realtà iniziata già l'11 settembre 2001, con l'attentato a New York contro le Torri Gemelle. Con tutti i grattacieli che ci sono a Manhattan, queste non

furono colpite per caso, ma proprio perché erano il simbolo del *world trade*!

Certo, dopo il Cinquecento la storia non si è fermata: sono venuti altri secoli e ciascuno con una sua particolare «cifra» di novità.

È venuto il Seicento, il secolo del Barocco, della Controriforma opposta alla Riforma, il secolo dell'armonia e del contrappunto, e questo non solo nelle arti: prima con la Guerra dei trent'anni e poi con la pace di Vestfalia.

È venuto il Settecento, l'Età dei Lumi e delle nuove grandi idee politiche: *liberté, égalité, fraternité*. E con queste il secolo politico delle Assemblee nazionali.

Poi ancora è venuto l'Ottocento, il secolo degli Stati borghesi e dell'industria, ma anche il secolo del Romanticismo.

Infine è venuto il Novecento, il secolo prima delle guerre mondiali e poi delle ideologie globali: prima il comunismo e poi il consumismo globale. Il primo, un'ideologia che ha perso perché ha perso. Il secondo, un'ideologia che ha perso perché ha vinto, ma vinto troppo e troppo in fretta: dal suo principio alla sua crisi sono infatti passati solo trent'anni.

Ed è dunque così che oggi, seguendo a ritroso il corso dei secoli, i corsi e i ricorsi della storia, è così che il flusso del tempo oggi ci riporta proprio al Cinquecento, al punto di ripartenza della nostra storia.

Tuttavia, con una differenza: i fatti che nel Cinquecento hanno rivoluzionato il mondo – l'America e la stampa, i collassi finanziari e l'invasione musulmana dell'Europa da est – si sono sviluppati lungo l'arco di un intero secolo.

Quelli che oggi drammaticamente marcano il presente sono invece concentrati in un tempo che storicamente si può dire minimo: nel trentennio in cui l'utopia della globalizzazione è iniziata ed è entrata in crisi.

E questo è tra l'altro un tempo tanto prossimo e breve da essere compreso nella vita di molti di noi!

Nell'insieme è comunque così che oggi, come allora, siamo tornati a vivere in un *Mundus furiosus*.[5]

Nella *Tempesta* di William Shakespeare è del resto scritto che il passato contiene il futuro: «*What's past is prologue!*».

È così, dunque, ed è proprio per questo che oggi, davanti alle macerie della globalizzazione, per capire cosa è stato e soprattutto cosa potrà essere, qui dobbiamo cominciare andando un po' indietro nel tempo, ma non troppo.

Quella iniziale, a proposito del Cinquecento, è stata infatti solo una suggestione. Per lo sviluppo di questo libro basta in realtà una modica quantità di passato, diciamo che basta più o meno un trentennio.

Qui di seguito non parleremo comunque solo del passato, e neppure solo del presente, ma anche del futuro, e in particolare dell'alternativa che oggi nel mondo è venuta a realizzarsi tra la guerra e la pace.

Un'alternativa su cui si può e si deve cominciare a ragionare, anche in positivo, perché: «Sopravverranno le catastrofi e le rovine; trionferà il caos, ma di tanto in tanto verrà anche l'ordine».[6]

1
Visionari o statisti

Spesso sono i letterati, gli artisti, che «sentono» la realtà a venire e, visionari, la anticipano.

È stato così con Georges Simenon, l'autore di *Europa 33*, un libro scritto proprio nel 1933 ma che, nel titolo, richiamava anche il «dica 33» del dottore che ausculta il malato. Un libro che auscultava un'Europa «che sonnecchia sotto la neve e che, come chi dorme male, è scossa da bruschi e terrificanti sussulti».[1] Ed è stato così che, dopo il 1933, è venuto... il 1939!

Oggi è così in «Occupied», la serie televisiva iniziata nel 2015 prefigurando il dominio della Russia sulla Norvegia e da qui sul Baltico.

Ed è così ancora in «Fauda» (in arabo: caos), la serie televisiva che già nel 2015 si sviluppava sul conflitto tra israeliani e palestinesi, così che oggi a stupire è solo il fatto che la guerra sia venuta tanto tardi!

Una capacità che è invece platealmente mancata agli statisti che, ancora nell'ottobre 2021, partecipando al G20 di Roma, su invito della presidenza italiana si mettevano in posa per gettare monetine nella Fontana di Trevi, un rituale propiziatorio formulato perché si realizzasse il «progetto» globalista che era proprio di quel G20: «*People, Planet, Prosperity*». Quello che oggi si direbbe... un vasto programma!

Ma in realtà statisti tanto poco accorti da non accorgersi che a gettare le monetine nella fontana erano in 18 e non in 20. Mancavano infatti nel loro gruppo i rappresentanti della Russia e della Cina!

E così dunque turisti della storia. Una storia che appena quattro mesi dopo, nel febbraio 2022, avrebbe portato la guerra in Ucraina!

Eppure già allora non era necessario essere statisti, era sufficiente essere realisti per avvertire le scosse che venivano da un mondo che da tante parti, e in tante forme, già si presentava come furioso.[2]

E tutto questo già poteva essere sufficiente per dubitare della metafisica ortodossia della globalizzazione che invece ancora veniva sintetizzata nella formula magica «*People, Planet, Prosperity*».

Chi scrive ha per la verità sempre pensato che non potesse essere così: «*Tremonti has always expressed deep suspicions about the benefits of globalization, and a rather eclectic economic philosophy*».[3] Questo è il messaggio che il 30 ottobre 2008 è stato inviato dall'ambasciata USA di Roma al dipartimento di Stato a Washington.

In effetti, posso confermarlo.

Ricordo in particolare di aver scritto un saggio intitolato *Il fantasma della povertà*,[4] e di averlo scritto proprio nel 1994, nell'anno in cui con il WTO, l'Organizzazione mondiale del commercio, iniziava la globalizzazione.

In specie era un libro sul *dark side*, sul lato oscuro della globalizzazione: «L'Occidente oggi esporta capitali, ma un giorno importerà povertà».[5]

E poi nel 2005, specificamente sull'Europa: *Rischi fatali. L'Europa vecchia, la Cina, il mercatismo suicida*.[6]

E poi, scritto nel 2007, pubblicato nel 2008, prevedendo la crisi finanziaria globale: *La paura e la speranza. Europa: la crisi globale che si avvicina e la via per superarla*.[7]

E ancora altro, sempre su questa linea.[8]

E oggi davvero non ci vuole molto per capire che se la globalizzazione continua sulla Rete, e così nella sua dimensione tecnica, con la quasi universale corsa del suo *digito ergo sum*, viene invece a terminare nella sua dimensione politica, svanendo via via l'utopia che all'inizio l'aveva caratterizzata per effetto di un cosmico eccesso di fiducia nel mercato, pensato e creduto come matrice di un mondo nuovo che proprio dal mercato doveva essere unificato e pacificato.

E le elezioni presidenziali americane del novembre scorso ne forniscono la prova politica: non è stato infatti solo un voto per un partito o per l'altro, è stato anche un voto contro gli eccessi della globalizzazione.

In specie, un voto contro gli esperimenti di futurismo politico che erano in corso, mirati alla creazione di un «uomo nuovo» in un «mondo nuovo», un uomo che non ha passato, ma ha solo futuro.

Molti, nel mondo occidentale e soprattutto all'interno delle sue *élite*, in effetti avevano pensato che il vecchio e glorioso «*liberté, égalité, fraternité*» potesse essere sostituito da un nuovo e salvifico «*globalité, marché, monnaie*».

E invece la storia, la storia che doveva essere finita per sempre, sta tornando con il carico degli interessi arretrati e accompagnata dalla geografia. E sta tornando su luoghi dove la storia è da sempre inevitabile.

2
Il nodo di Gordio

«Chi è in grado di sciogliere il nodo avrà il dominio del mondo, venga da est, dall'Asia, la culla dei popoli, o da ovest.»

Questa è l'antica «profezia di Gordio», e oggi la Russia di Vladimir Putin, forte di un'«amicizia senza limiti» con la Cina, pare impegnata a sciogliere proprio quel mitico nodo.

Winston Churchill usava definire la Russia come «un rebus avvolto in un mistero che sta dentro a un enigma». Oggi pare non essere più così, ed è anzi sorprendentemente chiara la visione geopolitica che ne ispira la politica.

Una visione che viene oggi così organicamente sviluppata: «L'intero sistema di sicurezza euro-atlantico si sta sgretolando sotto i nostri occhi ed è perciò necessaria... una visione per una sicurezza equa e indivisibile, una cooperazione reciprocamente vantaggiosa ed equa, e lo sviluppo del continente euroasiatico nel prossimo futuro».[1]

Non è dato sapere se Putin abbia letto o no *1984* di George Orwell. È forse più probabile che abbia letto *I demoni* di Fëdor Dostoevskij.

Ma va comunque notato che è proprio in *1984* che si parla dell'Eurasia, di una terra estesa in tutta l'Europa continentale, in Asia settentrionale, in Turchia e in Asia centrale.

E in *1984* dovrebbe essere proprio l'Eurasia, con l'Oceania e l'Estasia, una delle tre superpotenze in lotta per il dominio del mondo.

Ed è dunque così che la Russia, accompagnata dalla Cina, dove in tanti documenti ufficiali parimenti si scrive di «Ordine euroasiatico» o di «Asia armoniosa», è così che Russia e Cina paiono iniziare insieme una contrapposizione planetaria tra est e ovest, tra levante e ponente, tra oriente e occidente, tra loro e noi.

E si badi che questa non è fantapolitica: chiunque vinca, comunque finisca, quella che ha avuto inizio è la matrice di una dialettica politica che dominerà comunque il nostro futuro.

Come tutte le guerre, anche la guerra di aggressione che nel febbraio 2022 la Russia ha iniziato contro l'Ucraina può avere termine, e questo può essere soprattutto per effetto delle elezioni presidenziali americane. Ne può seguire un quasi termine, una tregua, un armistizio.

E tuttavia, comunque vada, la spinta della Russia verso ovest non avrà termine.

Per avere un'idea del luogo verso cui questa potrebbe essere indirizzata, potrebbe essere a nord, sul Baltico, per esempio intorno a Kaliningrad, o a sud, per esempio verso Odessa.

Varie forme di pressione potrebbero poi, e da subito, essere esercitate, e avere carattere proteiforme e vario, non necessariamente il carattere di una guerra, ma pur sempre azioni con effetti destabilizzanti nei confronti di Stati che oggi sono più prossimi al confine tra l'Est e l'Ovest: promozione di disordini interni, di vere e proprie sommosse, di alterazioni dei cicli elettorali.

Del resto, a est dell'Europa c'è, da nord a sud, una linea lunga più o meno duemila chilometri!

Senza contare i Balcani, che oggi sono interni rispetto al fronte di guerra, ma che sono pur sempre un luogo in cui «si fabbrica più storia di quella che si produce in loco, così che la si esporta: Sarajevo».[2]

E senza contare il Medio Oriente e il Mediterraneo, su cui si sta sviluppando l'altro fronte di quella che è pur sempre la stessa guerra contro l'Occidente.

In questo teatro l'Unione europea può certo fare la scelta di restare ferma.

E certo, così facendo, resterebbe ancora presente ai tavoli internazionali, ma su questi non avrebbe più il nome scritto per indicare il posto assegnatole al tavolo, ma avrebbe piuttosto il nome scritto sul «menu» di un altrui banchetto!

È per evitare questo destino che l'UE deve assolutamente cambiare.

Ma certo, e lo vedremo, non deve cambiare partendo dal lato dell'economia.

L'UE deve certo e può cambiare, infatti, ma deve farlo partendo dal lato della politica, e così partendo dal lato giusto della storia.

Diversamente, un'Unione europea che, a fronte della Russia, scegliesse di partire dal lato dell'economia, e qui in specie dal lato della «competitività», come ci si raccomanda, sarebbe un po' come nella storia dei tre premi Nobel che dopo un naufragio si trovano dispersi su un'isola avendo per cibo solo una scatoletta di carne. Il Nobel per la Fisica ipotizza, per aprirla, di concentrare sulla scatoletta i raggi solari. Quanto tempo ci vorrebbe? Due mesi. Siamo morti! Il Nobel per la

Chimica ipotizza di utilizzare il sale marino. Quanto tempo ci vuole? Tre mesi. Siamo morti! Il Nobel per l'Economia dice: «Supponiamo di avere un apriscatole...».

Il problema per l'UE è che oggi l'apriscatole... ce l'ha Putin!

Si usa dire che i popoli imparano l'economia con le crisi, e la geografia con le guerre. E questo è ancora oggi perfettamente vero.

Per verificarlo possiamo fare un test democratico: se entri in un bar o in una birreria, e si noti che tanto i bar quanto le birrerie sono tutti luoghi realmente democratici, se ci entri e cominci a parlare per esempio del necessario rafforzamento dell'unione bancaria, è molto probabile che nessuno ti capisca.

Ma se invece parli di difesa e di sicurezza, allora è molto probabile che ti paghino da bere!

E dunque cominciamo proprio da qui: non dal lato dei calcoli fatti dai tecnici e presentati dagli influencer, ma dal lato della politica e dei sentimenti popolari.

Cominciamo dall'idea di un'Unione europea che, se unita al suo interno e verso l'esterno, allora potrà davvero opporsi all'aggressione russa e alla forza della Cina, e così conservare il posto che le spetta nel mondo.

L'economia e la competitività potranno poi venire, e dovranno certo venire, ma non prima: non si può infatti partire dall'illusione che Russia e Cina aspettino pazienti le riforme europee!

È per questo che oggi si deve cominciare con un discorso sulla guerra di aggressione iniziata dalla Russia in Ucraina. Sulla guerra che, dopo la «pace dei trent'anni», è tornata in Europa.

3
La guerra «civile» ovvero la «pace dei trent'anni»

Appeso alla parete dello studio privato di Margaret Thatcher, e dominante su tutto il resto, c'era un grande quadro: un dipinto a olio raffigurante lo sbarco nelle isole Falkland dei fanti di marina britannici.

Anche questa una prova del fatto che, se era certo liberista, Margaret Thatcher non era però globalista, tanto da aver fatto una guerra che, in tutto e per tutto, era ancora una guerra «nazionale».

E tuttavia proprio questo era un tipo di guerra che stava diventando sempre meno frequente, perché già si stava entrando in una fase nuova della storia, una fase che trasformava la guerra in un tipo nuovo di guerra: la guerra «civile».[1]

Da sempre, certo dal tempo di Tucidide e poi nei secoli seguenti fino al Novecento, l'idea della guerra è stata associata all'idea del territorio. Si combatteva infatti per conquistare il territorio altrui o, simmetricamente, per difendere il proprio.

E ciò per tre ragioni essenziali: perché il territorio era la base della ricchezza agraria e il contenitore delle ricchezze minerarie; perché era sul territorio che poggiava la nuova ricchezza industriale: la fabbrica, la grande macchina a vapore, la ciminiera; infine, perché era il territorio l'area su cui, fisicamente, si articolavano le reti commerciali.

La rappresentazione più tragica dello storico rapporto tra guerra e territorio, un rapporto trasfigurato nella forma di un ossessivo feticismo, si trova nel *Mein Kampf* di Adolf Hitler.

Tuttavia, proprio a partire dagli anni Ottanta, per una sorta di fortuna della storia, stava cambiando la funzione del territorio e con essa la ragione della guerra.

Il legame tra il territorio e la guerra si stava infatti progressivamente sciogliendo, perché radicali trasformazioni stavano via via intervenendo nella struttura della società e dell'economia.

Si avverava la profezia di Goethe: «I biglietti alati voleranno più in alto di quel che la fantasia umana può immaginare, la fantasia umana si affatica solamente e non quanto basti».[2]

Si avverava la profezia di Marx: «All'antica indipendenza nazionale si sovrapporrà una interdipendenza globale».[3]

La ricchezza veniva a essere sempre più globalizzata, e per questo il territorio veniva a essere sempre meno strategico.

Era così, con l'avvento di una nuova *lex mercatoria*, che dall'idea ancestrale e orizzontale del territorio come contenitore dello spazio vitale, nella scala della rilevanza politica entrava il mercato.

Il processo era già iniziato, ma certo dopo il 1989, con la caduta del Muro di Berlino, con la fine della guerra fredda e con l'uscita di Internet dai forzieri militari, veniva a formarsi nel mondo una nuova geopolitica dove territorio e politica cominciavano a essere luoghi tra di loro indipendenti: dal *Lebensraum* si passava alla Rete.

Come la vecchia geopolitica era statica e orizzontale, la nuova diveniva mobile e variabile. E così, e per conseguenza di questo, a fronte del declino del valore strategico del territorio, faceva simmetricamente seguito il declino della sua rilevanza politica.

Come si notava già nel luglio del 1989, e in specie nell'anno del bicentenario della Rivoluzione francese: «Si è spezzata la catena politica fondamentale, la catena Stato-territorio-ricchezza [...] un tempo bastava allo Stato controllare il territorio per controllare la ricchezza, che sul territorio naturalmente si baricentrava e questo era sufficiente per esercitare il monopolio della forza politica, per battere la moneta [...] non sarebbe stato più così perché, se pure al principio solo nella sua parte più affluente e strategica, la ricchezza stava entrando nella Repubblica internazionale del denaro».[4]

E, si noti, che si era nel luglio del 1989: il Muro di Berlino sarebbe caduto solo nel successivo novembre!

Se prima era per il territorio che si facevano le guerre, lo «sport» preferito dagli Stati-nazione, in progressione non sarebbe stato più così.

Si stava infatti superando l'idea giacobina di onnipotenza dello Stato-nazione.

Con l'erosione delle basi di potere dello Stato-nazione si dissolveva quel micidiale cocktail di romanticismo e di meccanica, di inni e miti, di Stati maggiori militari e di egoismi e particolarismi economici, il cocktail che nel Novecento aveva insanguinato l'Europa.

Certo, in luoghi periferici e remoti ancora si facevano guerre, ma ai grandi Stati-nazione non conveniva più tentare di conquistare il territorio altrui per accrescere la propria ricchezza, perché la conquista dei territori non garantiva più la conquista della ricchezza o del mercato.

Rispetto alla vecchia logica della guerra veniva così a essere sempre più razionale ed efficiente, e in definitiva pareva anche più morale, o meno immorale, fare la guerra «civile»: attrezzare il proprio territorio, oltre che per conservare la propria ricchezza, per attrarvi la ricchezza degli altri.

Come era vero che l'economia non stava più nell'economia tradizionale, così era vero che la guerra non stava più nella guerra. Nell'età postmoderna della globalizzazione la guerra tra Stati si stava infatti trasformando in competizione tra Stati.

È così, ed è per questo che, una volta terminata la guerra fredda, e questo della guerra fredda era un caso in cui l'aggettivo già cancellava il sostantivo guerra, non si sono più fatte nel mondo guerre di dimensioni rilevanti.

Certo, ci sono state eccezioni rispetto alla nuova emergente regola della guerra «civile».

Chi oggi visita Belgrado ancora può osservare i palazzi pubblici colpiti durante la Guerra di Jugoslavia (1999), palazzi che ancora oggi, e volutamente, si conservano danneggiati.

Quella è stata certo una guerra e una guerra che andava oltre il secolare principio di Vestfalia (*cuius regio, eius religio*), ma tuttavia una guerra che era presentata come una guerra di tipo nuovo, diversa dalle precedenti, una guerra fatta per ragioni nuove: per ragioni umanitarie (?!).

C'è poi certo stato in Medio Oriente un insieme di azioni aggressive atipiche, ma queste non proprio e non sempre guerre tradizionali, piuttosto azioni fatte per «esportare la democrazia» (*sic*).

È solo oggi che la guerra, una guerra vera, anzi una guerra di aggressione, è venuta ed è venuta proprio in Europa.

4
Il ritorno della guerra

«Il treno ha lasciato la stazione e nessuno può fermarlo.» Questo è stato detto dal presidente della Serbia Aleksandar Vučić, all'interno di un'intervista rilasciata alla testata svizzera «Die Weltwoche» il 13 giugno 2024.

A proposito di treni: il 15 aprile scorso è stata comunicata alla stampa la sottoscrizione di un accodo in materia di *Military Mobility*. E in specie: «Un'iniziativa UE finalizzata ad aumentare le capacità infrastrutturali e digitali esistenti, per assicurare la movimentazione di risorse militari, all'intero e all'esterno dell'Europa, anche con breve preavviso e su larga scala, garantendo capacità di trasporto sicure, sostenibili e resilienti».[1]

Questi sono tutti treni che partono da stazioni diverse.

La stazione russa è oggi popolata da despoti distopici convinti che il loro futuro sia nel loro passato e contro l'altrui presente.

Per contro, la stazione europea è una stazione che troppo a lungo è stata popolata da globalisti sonnambuli, solo oggi allarmati dalla realtà sopravvenuta.

È solo oggi che, terminata la trentennale eccezione della non-guerra, la storia ci riporta infatti verso la drammatica normalità della guerra.

Ed è per questo, per capire quel che sta succedendo, che per un certo tratto si deve andare indietro nel tempo e, in specie, verso il luogo in cui tutto è cominciato: a Berlino, dove il 9 novembre 1989 è caduto il «Muro».

Il Muro era caduto da pochi giorni, ma già il banchiere tedesco Alfred Herrhausen, l'allora presidente della Deutsche Bank, presentava un progetto di integrazione economica sviluppato su scala continentale.[2]

In specie un progetto che non era limitato all'unione tra le due Germanie, ma che da queste doveva partire perché, come lo stesso Herrhausen ebbe a dichiarare al «Wall Street Journal»: «Entro dieci anni la Germania dovrà diventare il complesso tecnologicamente più avanzato d'Europa e il trampolino di lancio economico verso l'Est (verso la Russia!). In questo quadro la Polonia, l'Ungheria, la Cecoslovacchia e anche la Bulgaria avranno un ruolo essenziale nello sviluppo europeo».

La mattina del 30 novembre, mentre si recava all'aeroporto di Francoforte per volare a New York, dove a Wall Street avrebbe presentato il suo progetto, una bomba laser fu fatta esplodere al passaggio della sua auto, uccidendolo. Questo un attentato certo non attribuibile all'ormai debellato terrorismo rosso della Rote Armee Fraktion (RAF).

Il 3 maggio 1992, sul «Welt am Sonntag», Henry Kissinger ebbe a dichiarare: «Se le due potenze (Germania e Russia) si integrassero economicamente intrecciando rapporti più stretti, si verrebbe a creare il pericolo della loro egemonia!».

È così, ed è per questo, che l'integrazione della Russia nell'economia occidentale non fu lanciata partendo dalla Germania, non fu operata «Europa su Europa», fu piuttosto elaborata su scala più ampia: su scala «occidentale».

Appena crollato il comunismo in Unione Sovietica, nel 1991, a Londra fu infatti costituita la

BERS, acronimo che stava, e che ancora sta, per «Banca europea per la ricostruzione e lo sviluppo».

La missione della BERS era in specie quella di favorire la transizione dei Paesi dell'Europa centrale e dell'Asia centrale.

Come allora si usava dire, l'obiettivo era di far fare alla Russia ciò che con sportivo entusiasmo si usava definire un «*Jump to the market*».

Si pensava in specie che, dissolta l'URSS e così superato il «comunismo», per la Russia fosse necessaria e nell'immediato già possibile l'applicazione del «mercato», data la funzione insieme democratica e salvifica che allora gli si attribuiva.

Aveva inizio in questo modo un esperimento politico che, per la Russia, non sarebbe stato affatto salvifico, ma piuttosto fallimentare e per certi versi drammatico.

Non solo perché era un esperimento demenziale proprio nella sua estemporanea e radicale sperimentalità, ma anche per effetto della devastante conseguente apparizione sulla scena dei cosiddetti oligarchi, tanto imprevista dai mercatisti, quanto incontrollata.

Fu così che nel corso di un lungo e turbolento decennio parti notevoli dell'economia e della società russa furono spostate «*from communism to gangsterism*», lasciando per converso nella povertà e nella disperazione un'enorme parte del popolo russo.

È in questo contesto ed è in questo ambiente che a San Pietroburgo prima e a Mosca poi la storia incrocia quello che a Dresda, nella Germania comunista, era stato solo un piccolo funzionario, e lo incrocia trasformandolo in un leader politico di statura mondiale: Putin.

È una storia che si è sviluppata in due fasi essenziali.

Al principio, ed è questa una fase che nella sua forma iniziale è stata vista da vicino anche da chi scrive, la Russia di Putin puntò a entrare tanto nell'UE quanto nel G7.

Nel 2001 al Bundestag era stata solenne la dichiarazione di Putin secondo cui: «La Russia guarda a ovest e si identifica con l'Occidente, e vuol fare parte dell'Unione europea».

A differenza dell'ingresso nell'UE, l'ingresso della Russia nel G7 riuscì quasi subito: nel 2008.

A ben vedere, l'ingresso della Russia nel G7 integrava già per suo conto un paradosso della storia. Un paradosso, se si considera che il G7 (al principio G4) era stato costituito nel 1975 a Parigi proprio per difendere l'Occidente dal comunismo.

Comunismo che allora era o pareva essere trionfante e dilagante, dalla Russia all'Asia, dal Sud America all'Africa, senza contare l'eurocomunismo.

È stato solo dopo, negli anni successivi, con la fine del comunismo, che il G7 si è trasformato nel centro della politica mondiale.

Un corpus unificato da un codice economico: il dollaro; da un codice linguistico: l'inglese; da un codice politico: la democrazia occidentale.

Il G7 rappresentava allora poco più di settecento milioni di persone, ma intorno al G7 ruotavano alcuni miliardi di persone e governi di tanti Paesi che erano interessati e attratti dalla sua forza.

È in questo contesto e in questo scenario che, appunto, nel 2008 il G7 diventò G8, con l'ingresso della Russia.

Forse Putin sottovalutava il fatto che il codice politico dominante all'interno del G7 fosse ancora e pur sempre quello del *Washington consensus*.

E tuttavia la Russia, entrando a far parte del G8, per la sua storia e per il suo permanente status di potenza nucleare si aspettava di poter avere un rapporto speciale con gli USA e così, di riflesso, una posizione distinta, non paritetica o meno uguale rispetto a quella degli altri.

All'interno del G8 un certo grado di rispetto, e

forse anche di progressivo *soft power* della Russia, erano in effetti possibili, e al principio furono riconosciuti. E riconosciuti anche per l'azione esercitata dall'Italia all'interno del G8, con il vertice di Pratica di Mare, e poi con Putin che veniva in vacanza in Sardegna con il suo incrociatore.

Ma poi, a interrompere questo processo, è venuta la grande crisi del 2008. Una crisi che ha subito, e drammaticamente, spostato l'asse della politica globale dal G8 al più vasto e complesso G20.

Un luogo politico, questo, che non era più unificato da uno stesso codice politico, perché al tavolo non c'erano solo democrazie, ma anche sistemi politici non esattamente democratici.

Ancora, un luogo politico che non era più unificato dallo stesso codice linguistico, perché ciascuno, pur conoscendo l'inglese, parlava con orgoglio la propria lingua madre.

Infine un luogo politico che non era più unificato da uno stesso codice economico, iniziando allora, con altro, anche l'apparizione di valute diverse dal dollaro.

Soprattutto, quella iniziata nel 2008 era una crisi che si sviluppava fuori dalla logica non più infallibile del mercato, ma che si sviluppava anzi proprio per effetto del fallimento del mercato e dunque fuori dalla logica e dall'assoluto della modernità che per decenni erano stati tipici e propri del mondo occidentale.

È per tutto questo che per la Russia venivano via via a mancare le basi politiche iniziali dell'operazione G8. Tra l'altro, dopo l'originaria presidenza repubblicana, negli USA si passava a una nuova presidenza democratica, certo meno *friendly* verso l'autocrazia Russa.

È stato proprio in questo nuovo contesto che la Russia si è avviata sul percorso di una politica diversa e per suo conto autonoma. Un percorso che è terminato nel 2014 con la sua formale uscita dal G8.

Tuttavia, mentre la Russia veniva così a ritirarsi dal G8, le bandiere della NATO cominciavano a sfilare per le vie di Kiev e questo – si noti – già prima della guerra in Ucraina!

Poi, soprattutto, continuavano ad avanzare verso est i paradigmi, i modelli di vita, i costumi occidentali. Tutti questi, per la Russia, considerati temibili, perché diversi e liberali, e perciò opposti ai codici su cui si basava la «democrazia» autoritaria del Cremlino.

Uno scenario in cui l'happy hour appariva ancora più temibile della NATO!

Tra l'altro, in alternativa rispetto al sempre più difficile rapporto con l'Occidente e con la sua economia, emergeva in Russia l'idea (o l'ipotesi) che per effetto del riscaldamento globale venissero ad aprirsi nuove rotte polari, e così l'estensione verso nuove terre, controllabili solo dalla Russia e dunque suo esclusivo patrimonio geopolitico.

Ancora, e soprattutto, dentro al Cremlino veniva via via a svilupparsi, oltre all'emergente passione verso i rituali sciamanici siberiani, più seriamente una nuova, anzi una vecchissima linea politica.

Una linea derivata da una crescente e poi dominante ideologia conservatrice: idee politiche ancestrali basate sul patriottismo nazionale, sul revisionismo storico, sull'idea di un'immutabile civiltà russa, sulla memoria delle passate glorie imperiali.

Nell'insieme, dentro questo nuovo assolutismo russo, non era solo il futuro positivo e progressivo atteso dalle nuove terre e rotte polari, era soprattutto il passato che doveva avanzare per essere la guida del futuro, essendo parte del futuro non solo la tradizione, non solo la religione e non solo l'anima, ma anche gli antichi confini.

E così al principio è stata l'annessione alla Russia della Crimea (2014), oggi è la guerra in Ucraina, e dunque anche la guerra verso l'Europa.

E così, e per suo conto, l'Europa oggi non ha alternative diverse dal reagire, difendendo una civiltà della quale anche l'Europa che sta a est è parte essenziale.

Ed è solo così che potrà poi venire anche la pace.

Come infatti è stato scritto: «Se una filosofia dell'avvenire esisterà, essa dovrà nascere al di fuori dell'Europa oppure dovrà formarsi come conseguenza degli incontri e degli urti, delle pressioni che dovranno verificarsi tra l'Europa e tutto ciò che non è Europa».[3]

Come si proverà a ipotizzare alla fine di questo libro.

5
«All in», la possibile salvezza dell'Europa

La guerra portata dalla Russia in Ucraina ha dissolto un'idea antica, un'idea che era stata di De Gaulle e di Wojtyła, l'idea di un'Europa unica dall'Atlantico agli Urali.

Un'idea che, a partire dalla Germania, aveva prima ispirato la *Ostpolitik* e che poi, a partire dal 2008, era stata posta alla base dei grandi accordi con la Russia sul gas. Accordi che non erano solo mercantili ma anche, e in parte certo non marginale, politici.

Oggi è la guerra che ci allontana da tutto questo.

Come è stato prima nei Balcani, a Sarajevo, e poi sul Baltico, a Danzica, così oggi è proprio dal Baltico, e da qui giù fino al Mar Nero e al Mar Rosso, che la storia ci sta riportando su luoghi antichi, luoghi che le sono familiari.

«Da Stettino nel Baltico a Trieste nell'Adriatico

una cortina di ferro è scesa attraverso il continente»:[1] così, nel 1946, ebbe a dire Churchill.

Dopo la guerra di Putin, dal Baltico al Mar Nero oggi l'Europa può e deve estendere e configurare una sua nuova frontiera, punto d'arrivo di un'Unione allargata, difesa e rinnovata, e per questo e con questo rinforzata.

Per essere chiari: o l'UE oggi si unisce per il meglio del suo possibile futuro o si disgrega nel peggio del suo passato. O, e non è poi tanto diverso, finisce nella vacuità dell'usuale, paludoso, recitato e decadente circolo degli interessi e delle velleità nazionali.

Se finirà così, tutti quegli Stati, quei governi, quelle forze politiche che oggi si oppongono a ogni cambiamento, che in specie si oppongono a ogni forma di allargamento e lo fanno dichiarando di volere la pace e di difendere l'onore nazionale, non avranno la pace e perderanno l'onore.

In realtà, se terminata la Seconda guerra mondiale, nel 1957 l'Europa si è unita sul mercato comune e poi, se nel 1992, terminata la guerra fredda si è unita nella moneta comune, oggi l'Europa deve allargarsi e unirsi in una nuova dimensione geopolitica: non tendere più dall'Atlantico agli Urali, come per decenni si è creduto possibile e oggi non è più possibile, ma piuttosto ristrutturarsi a fronte della Russia, dietro cui sta apparendo, e con forza crescente, la Cina.

È per tutto questo che oggi l'ipotesi «all in», l'ipotesi di un allargamento immediato e incondizionato dell'UE fino a comprendere tutti i 35 Stati che già sono, anzi che sono sempre stati europei, pur essendo politicamente difficile è comunque assolutamente necessaria.

E lo è anche calcolando gli effetti politici che verranno dall'indebolimento dell'attuale sistema di difesa dell'UE, che deriverà da una molto probabile riduzione dell'impegno militare degli USA, che si sta infatti spostando dall'Europa all'Indopacifico.

E dunque, nel tempo presente e nel tempo a venire non sarà più sufficiente parlare di allargamento, o manifestare verso l'allargamento una benevola o astuta o paternalistica o solo convenzionale manifestazione di interesse, come troppo spesso finora è stato fatto da parte dell'UE.

Non sarà sufficiente tutto questo perché anche la Russia, per conto suo, sta facendo il proprio allargamento, ma lo sta facendo nella direzione opposta: un allargamento da est verso ovest!

Comunque finisca la guerra in Ucraina, l'Unione europea dovrà a sua volta reagire, formulare una propria risposta politica.

Se no il suo destino sarà – si ripete – sarà quello di trasformarsi in una palude politica. È per questo che è necessaria una mossa carica di elevato valore simbolico: un vero e proprio «all in».

Il tempo lungo che è stato finora tipico dell'allargamento è infatti diventato oggi troppo lungo, troppo illusorio e troppo divisivo.

Ed è occasione per la Russia, e non solo per la Russia, si pensi per esempio alla presenza della Cina nei Balcani, occasione per fare intrusioni, per creare rivalità tra gli Stati candidati, per alimentare lotte e polemiche interne agli Stati che dell'allargamento potrebbero essere destinatari, ma non è ancora certo che lo siano. In questo modo verrebbero erose e screditate dall'esterno anche le strutture politiche dell'UE.

Va tra l'altro notato che, per realizzare l'«all in», non è necessario procedere con una lunga e complessa revisione dei Trattati europei, che richiederebbe il voto positivo da parte di tutti gli attuali 27 Stati membri. Sarebbe infatti sufficiente utilizzare i margini di flessibilità che già oggi sono dati dagli stessi Trattati, tramite le cosiddette «clausole passerella».

Chi sostiene l'«all in», oltre a invocare l'urgenza dell'allargamento determinata dalla minaccia russa, può in ogni caso ricordare che l'ultimo contestuale allargamento a 10 nuovi Stati membri, quello operato nel 2004, aveva certo generato allarmi, rivelatisi poi non giustificati.

L'ingresso nell'Unione europea di tutti gli altri Stati europei, proprio nella misura in cui ne accresce l'eterogeneità, potrà anzi costituire l'occasione per un miglior equilibrio tra l'integrazione e la sovranità nazionale, così da produrre – vedremo – una maggior tutela delle prerogative degli Stati membri, anche in una prospettiva confederale.

Ma prima di continuare, per essere su questo ancora più motivati, è utile una specifica riflessione sui Balcani.

Oggi lo strepito della guerra in Ucraina sovrasta il silenzio che avvolge i Balcani, ma tutti e due, quello strepito e questo silenzio, sono parimenti rilevanti per l'Europa, ora che la storia si è rimessa in cammino.

I Balcani, l'antemurale dell'Europa, un trapezio lungo più di mille chilometri e solo un po' meno largo, sono un'area geograficamente impervia, non per caso *balkan* in turco vuol dire «monte». E comunque sono luogo di transiti caotici e di scontri, così che da secoli vi si fabbrica la storia. E così ancora è stato nel Novecento, un secolo che è iniziato con le Guerre balcaniche, che è proseguito con Sarajevo, che è terminato con la Guerra di Jugoslavia.

Questa una guerra rimasta locale, ma solo perché l'URSS si era appena dissolta e la Russia non era ancora apparsa nella sua attuale postura di dominio.

È per tutto questo che oggi, pur in un'apparenza di quiete, si vede che il futuro dell'Unione europea non si decide solo in Ucraina, ma anche nei Balcani, perché se per i Balcani l'UE è importante, anche i Balcani sono importanti per l'UE.

Importanti per l'UE che oggi non può fermarsi sul Danubio, se no è il Danubio che entra caotico in Europa.

Tutto ciò premesso sul perché si deve fare davvero l'allargamento, si può passare a un secondo punto: come farlo.

Per fare davvero l'allargamento dovranno cambiare tanto l'hardware quanto il software dell'Unione europea.

Dovrà cambiare la struttura costituzionale, ma dovrà cambiare anche la sua filosofia politica.

Del resto è proprio la storia a insegnare che tutte le diversità e tutte le difficoltà possono essere superate dall'Europa con intelligenza e pazienza politica.

HARDWARE. Per cominciare deve cambiare l'hardware costituzionale dell'UE: se devi estendere un edificio devi ristrutturarlo, se no crolla; se devi fare un allargamento che nell'insieme va esteso da 27 a 35 unità statali, non puoi riservare a ciascuna un equivalente potere di voto e di veto.

Anche perché già oggi, ogni anno, su 27 Stati, e sarà domani su 35, almeno 7 o 8 saranno impegnati in campagne elettorali nazionali, con i conseguenti naturali effetti di sospensione o comunque di incertezza delle decisioni.

Un allargamento esteso subito ai 35 Stati europei, e perciò operato in base alla formula dell'«all in», avrà comunque un doppio effetto positivo:

1. da un lato, sarà proprio l'allargamento dell'UE a integrare una reale difesa dell'Europa. Si noti, del resto, che già ora l'art. 42, VII comma del Trattato europeo sancisce che: «Qualora uno Stato membro subisca un'aggressione armata nel suo territorio, gli altri Stati membri sono tenuti a prestargli aiuto e assistenza con tutti i mezzi in loro possesso, in conformità dell'articolo 51 della Carta delle Nazioni Unite. Ciò non pregiudica il carattere specifico della politica di sicurezza e di difesa di taluni Stati membri»;

2. dall'altro lato, è proprio così che verrà a svilupparsi un diverso ma necessario assetto costituzionale dell'UE. In materia di politica estera e di difesa il voto dovrà infatti, e non potrà che essere, a maggioranza, eliminando l'attuale *veto power* o *liberum veto.*

Sulle altre materie potrà invece restare il voto all'unanimità. Ma può anche essere, e lo vedremo più avanti, che per forza di cose una quota delle troppe attuali competenze dell'Unione europea venga a essere via via ridotta e restituita ai singoli Stati. In questo modo si verrebbe a creare un modello costituzionale diverso dall'attuale, ma perfettamente funzionale: un modello confederale.

SOFTWARE. Poi, come notato in precedenza, l'UE dovrà cambiare anche nel suo software politico, perché finora ci sono state due Europe, una a ovest, l'altra a est.

La prima è oggi assolutamente, dogmaticamente «democratica», basata sulla *rule of law*, imposta dalla Corte di giustizia del Lussemburgo, e questa da ultimo concentrata sulla post-modernità tipica delle dottrine fluide e della cosiddetta *cancel culture*, così nell'insieme integrando il perfetto identikit dell'uomo europeo.

La seconda è invece ancora basata su tradizioni che sono fuori da questa metrica politica.

Sul valore politico delle tradizioni è forse ancora il caso di ricordare Churchill: «L'amore per le tradizioni non ha mai indebolito le nazioni, anzi le ha rafforzate nell'ora del pericolo».

L'UE, per essere tale, non può più basarsi su questa artificiale separazione tra modernità e tradizioni, perché dove non si conosce il passato si perde il futuro, soprattutto quando, in tante parti d'Europa, la memoria significa le sofferenze vissute dai popoli nel corso della loro storia.

E del resto, come fin dal principio è stato scritto nella Carta Atlantica, lo sviluppo della democrazia non è da fuori e dall'alto, ma da dentro e dal basso, perché la democrazia non è un prodotto che si esporta, ma un processo che si sviluppa nel tempo.

Si ricordi poi che negli anni Cinquanta Alan Turing, l'uomo a cui si deve l'invenzione del computer, fu imprigionato in Inghilterra per omosessualità, o che la compagna di Fausto Coppi fu imprigionata in Italia per adulterio, ma nessuno pensava allora che l'Inghilterra o l'Italia fossero per questo fuori dalla democrazia. Piuttosto, proprio perché c'era la democrazia, cambiò l'ordinamento legale di quei Paesi.

Nel suo discorso all'Università di Budapest, tenuto nell'aprile 2023 guardando il Danubio, papa Francesco parla dei ponti come simbolo della «necessaria unione delle culture europee».

E dunque è per questo che è venuto il tempo dell'unione: unione subito, unione da nord a sud e unione da ovest a est. «All in», rinviando a dopo i cosiddetti «compiti a casa», e con questi la definizione dei nuovi meccanismi di trasferimento delle risorse comunitarie, ma offrendo da subito a tutti lo status di Stato membro dell'Unione europea, creando così la chance del superamento di residue controversie locali e, soprattutto, creando l'enorme effetto politico esterno di un'unione che, a fronte della Russia, viene finalmente a coincidere con la storia dell'Europa. Come si usa dire nell'Europa dell'Est: «Dobbiamo restare uniti, altrimenti chi siamo?».

Solo così l'UE potrà poi proseguire riformandosi. Un esercizio questo che per forza dovrà e non potrà che essere successivo all'allargamento, ma certo un esercizio che sarà comunque parimenti necessario e parimenti difficile, anche perché davvero tanti e gravi sono stati gli errori e le colpe che finora hanno marcato il percorso dell'Unione europea. Ed è per questo che molto resta da capire, e poi da fare.

6
Un vasto programma

Oggi è ancora un vasto programma quello che, su mandato del Consiglio europeo e poi della Commissione europea, è stato sviluppato in due rapporti, rispettivamente denominati *Much more than a market*[1] e *The future of European competitiveness.*[2]

Si registra in effetti, al loro interno, una logica totalmente opposta rispetto a quella mercatista che per decenni ha ispirato la politica europea.[3]

Diversa perché oggi, a dover essere azionata in logica neodirigistica, dovrebbe essere la mano pubblica, e questa dovrebbe essere azionata fortemente per salvare l'UE dal suo altrimenti «fatale destino».

A questo proposito si noti in specie che nel Rapporto sulle competitività sono formulate ben 177 «Proposte»!

In specie la mano pubblica dovrebbe essere azionata su campi tanto estesi, estesi dalla tecnologia all'ambiente, da risultare a sua volta invisibile, più o meno come si diceva parlando dell'altra mano, quella invisibile del mercato.

O troppo visibile, come potrebbe essere quando si parla dei mezzi finanziari necessari per concretizzare le ipotesi fatte nei citati rapporti: «*The lion share of investment will still need to be financed by the private sector*».[4]

La parte del «leone», appunto! Considerata la magnitudine degli investimenti stimati complessivamente necessari, tra 700 e 800 miliardi di euro, ma non solo per un anno, per un numero imprecisato di anni, è in specie probabile che il così massicciamente ipotizzato leonino dirottamento del risparmio privato verso gli investimenti pianificati possa produrre effetti politici destabilizzanti per l'UE ed effetti traumatici per i risparmiatori, che vedrebbero trasformati i propri risparmi in capitale di rischio, rischiando dunque il proprio capitale!

Non solo: la cadenza e la frequenza con cui nei citati rapporti ricorrono le parole *strategy* e *plan* sono cadenze e frequenze che non compensano, ma purtroppo, all'opposto, indicano l'assenza di precise e più concrete indicazioni sul da farsi.

Forse si pensa che l'UE possa, come per magia, sollevarsi da sola e d'un colpo, come il barone di Münchhausen!

Ovvero, nei citati rapporti non è scritto come e non è scritto quando il tutto dovrebbe o potrebbe essere fatto, soprattutto con quale ordine di priorità.

Ed è così che nei citati rapporti non c'è tanto un vuoto di parole, ma piuttosto parole che finiscono per risultare vuote, data la sproporzione tra la numerazione dei fini e l'indeterminatezza nell'indicazione dei mezzi per raggiungerli.

Diversamente, come è stato scritto poco prima a proposito della strategia «all in», in realtà ci sono, e sono prioritari, due altri temi: quello della politica estera e quello della difesa. Li affronteremo nel capitolo 13.

Ma prima, per chiarezza, per capire dove e come agire, è necessario verificare come e perché l'UE è venuta a trovarsi nella sua attuale situazione di crisi e di rischio esistenziale.

La ragione è molto semplice: non è stato solo perché il mondo è cambiato dall'esterno, è stato anche perché l'Unione europea è rimasta ferma al suo interno, e ferma nel modo sbagliato, ignorando tutto quanto da fuori le stava venendo addosso.

Un tipo di errore, questo, che è stato perpetuato per almeno tre decadi. A titolo d'esempio, è stato ripetuto ancora dieci anni fa quando la Commissione europea ha pubblicato la cosiddetta «relazione dei cinque presidenti» (Donald Tusk, Jeroen Dijsselbloem, Jean-Claude Juncker, Mario Draghi, Martin Schulz), un rapporto che, dal lato della competitività, e si noti che proprio questo è ancora oggi il lato per cui si ipotizza necessaria una rivoluzione, allora in puro stile UE si proponeva la costituzione... di una nuova autorità! E in specie la National Competitiveness Authority!

Oggi, nel dramma del tempo presente, è forse il caso di introdurre una qualche nota di addizionale ed essenziale serietà, magari ricordando il *dictum* di Einstein: «Mai affidare la soluzione dei problemi alle stesse teste che li hanno causati!».

7
Non c'è stata un'oscura, imperscrutabile maledizione che si è abbattuta sui nostri fertili campi, ma piuttosto tanti errori e colpe

«Quando la Cina si sveglierà, il mondo tremerà.» Questa la profezia fatta a Sant'Elena da Napoleone, nel 1816.

Un'altra profezia, questa però retroattiva, è stata formulata l'anno scorso nei due sopra citati rapporti.

Più modesta, ma non retroattiva, era stata la previsione fatta vent'anni fa in *Rischi fatali. L'Europa vecchia, la Cina, il mercatismo suicida.*[1]

Nella forma grafica di eleganti e colorate fette di torta statistiche, i citati rapporti ci dicono infatti che qualcosa è cambiato nel mondo e che, senza azioni alternative, molto cambierà anche per l'UE, e in peggio.

Ma, in realtà, cos'è successo? E perché? E cosa sta ancora succedendo?

Proviamo a formulare qualche risposta.

Per cominciare va notato che i grandi numeri del mondo divenuto globale evidenziano sia la crescita della popolazione sia quella del prodotto interno lordo (PIL).

Tanto la prima quanto la seconda forma di crescita sono state e sono comunque asimmetriche: ci sono infatti parti del mondo che, per popolazione o per prodotto interno lordo, crescono più delle altre.

Quando la globalizzazione ha avuto inizio, nel momento in cui una gran parte dell'Asia, con la Cina, è entrata nel WTO (2001), tanto gli Stati Uniti quanto l'Unione europea producevano più o meno il 25 per cento del prodotto interno lordo globale.

Oggi gli USA conservano la stessa percentuale del prodotto interno lordo globale, mentre l'UE è scesa più o meno tra il 18 e il 16 per cento.[2]

Ciò premesso, va però notato che, in senso storico, la globalizzazione è stata ed è un fenomeno assolutamente nuovo, e anche per questo non facile da valutare nella dimensione e nella diffusione dei suoi effetti.

In particolare, se i calcoli sulla crescita della popolazione portano a risultati (quasi) certi, lo stesso non si può dire per i calcoli sulla crescita economica e sulla diffusione della ricchezza.

Calcoli, questi, che infatti ancora si basano sul PIL. Ma questo è un tipo di metro che è stato inventato prima della globalizzazione e che, anche per tale motivo, è strutturato e calcolato «Paese per Paese» (ovvero «*per country*»).

Ma, proprio per questo, si può anche pensare che il PIL sia un metro oggi superato, in un mondo divenuto interconnesso.

Un mondo in cui l'economia è sempre più intensamente sviluppata fuori dai confini nazionali, ma anche strutturalmente e sistematicamente interattiva, *cross border.*

Ciò vuol dire che enormi masse di prodotto e di ricchezza, masse che formalmente sono ancora conteggiate come il PIL di uno Stato, in realtà, in termini di controllo e perciò di potere sono sostanzialmente, realmente e praticamente proprie di un altro Stato, o di altri Stati.

Ed è questa una realtà che, se non statisticamente, almeno politicamente non può essere ignorata.

Tale ordine di considerazioni potrebbe per esempio portare alla conclusione che gli USA, con la loro proiezione semi-imperiale, sono ancora più ricchi di quanto risulti dal calcolo del loro PIL.

Un'ipotesi che invece non si può certo formulare per l'UE!

Non solo. Dato che una quota enorme e crescente della ricchezza è *off-shore*, e perciò è ricchezza «apolide», vuol dire che una massa enorme di ricchezza è in realtà il PIL... di nessuno (si fa per dire...).

È dunque questo uno scenario che, nel suo insieme, priva i calcoli economici basati sul PIL di quell'assoluta certezza che invece se ne vorrebbe propria.

Ciò premesso, è comunque certo che nel corso degli anni della globalizzazione molto è cambiato nel mondo, e per l'Unione europea molto è cambiato e non in positivo. Prima per l'effetto di spiazzamento prodotto dalla crescita dell'Asia, un effetto che è stato tipico e proprio della globalizzazione, ma poi anche per gli effetti negativi prodotti dalla recente rottura dell'ordine globale.

Effetti che oggi si vedono e che valgono soprattutto per l'UE e nell'UE.

Prima della guerra in Ucraina, all'interno della globalizzazione e per effetto della pace che la caratterizzava, l'UE aveva infatti una sua fortissima posizione di rendita.

E questa era l'effetto di tre cause: l'UE importava energia a basso costo dalla Russia; l'UE esportava in Asia, e soprattutto in Cina, prodotti ad alto valore; l'UE godeva gratuitamente della difesa militare americana, e anche per questo poteva finanziare il suo generoso *Welfare State.*

Ora che molti di questi fattori si stanno sviluppando in negativo, sono ancora più evidenti tutte le criticità che insistono sull'UE, per come è fatta e per quello che ha fatto.

E in specie, se la globalizzazione certo non poteva essere evitata dall'UE, e anzi a modo suo è stata sfruttata dall'UE, la cascata dei fenomeni che ci è venuta addosso non può essere trattata come se fosse l'effetto di un'oscura, imperscrutabile maledizione venuta ad abbattersi sui nostri campi prima fiorenti.

La verità è che è stato fatto nell'UE quello che non doveva essere fatto, ma non è stato fatto quello che invece doveva e poteva essere fatto!

In realtà sono stati commessi errori, davvero numerosi, tanto strategici quanto tattici.

E, dunque, quali sono state le cause, e quali le colpe?[3]

In termini politici, e non solo con riferimento al passato ma soprattutto guardando all'oggi e al domani, qui di seguito può essere davvero interessante provare a formulare risposte a queste domande.

E per farlo si può e si deve partire dal primo capitale e drammatico errore compiuto dall'UE nel 1992, non tanto con il Trattato di Maastricht in sé, quanto e soprattutto con la sua applicazione al mercato europeo, un'applicazione che è stata fatta ignorando che si stava ormai entrando nel mondo globale.

8
Maastricht e WTO, due trattati quasi contemporanei ma causa di effetti opposti

La storia politica dell'Europa moderna può essere sintetizzata in tre fasi: la prima, quella del Mercato europeo comune (MEC), una fase che è stata straordinaria per lo sviluppo economico dell'Europa; la seconda, quella di Maastricht, che ha invece segnato l'inizio della crisi dell'UE; la terza che inizia ora, con la guerra in Ucraina, e che può oggi essere il principio di un nuovo inizio.

Ma partiamo dal principio.

Dall'immemorabile e dalla fine del Medioevo, e poi per secoli, quella dell'Europa è stata un'idea mitica, culturale, filosofica, e non politica. Tra le due guerre mondiali, si parlava certo d'Europa. E se ne scriveva appunto, ma solo tra le *élite*. E tra le *élite* c'erano vari, diversi, spesso opposti punti di vista: da Churchill a Briand, da Rathenau a Drieu La Rochelle, da Pigou a Einaudi.

L'intensità politica della discussione sull'Europa diventò alta dopo il Patto di Monaco (1938). Ma ormai era troppo tardi.

Quella dell'Europa unita è un'idea che diventa concreta, e prende forma e sostanza, insieme politica ed economica, solo dopo la Seconda guerra mondiale.

A cominciare da Casablanca, con la Conferenza degli Alleati sul futuro dell'Europa (1943).

Per proseguire a Messina (1951), dove fu creata la Comunità europea del carbone e dell'acciaio (CECA), una comunità a cui l'Italia aderì con entusiasmo, pur non avendo né il carbone né l'acciaio, ma volendo l'Europa.

E poi a Roma, con il Trattato di Roma (1957), con cui si costituiva la Comunità economica europea e si avviava l'età d'oro del MEC.

Era comunque questo un periodo in cui le *élite* sapevano cosa volevano i popoli, e perciò sapevano parlare ai popoli. Per questo i popoli le riconoscevano e si fidavano.

Un esempio: il MEC fu realizzato eliminando i dazi interni e le imposte indirette nazionali sugli scambi, sostituendoli con l'IVA europea, ma agli Stati fu lasciata la sovranità in materia di imposte dirette.

E questo fu perché il principio «*no taxation without representation*» era allora (ed è ancora) la base storica della democrazia, una base che si scelse di conservare perché i popoli dovevano avere fiducia nei governi, e viceversa.

Nell'insieme c'era poi equilibrio tra le dimensioni nazionali e la dimensione europea, e straordinaria, a questo proposito, fu la frase del cancelliere tedesco Konrad Adenauer, che disse: «Che la foresta non sia tanto fitta da impedire la visione dell'albero!».

Nell'insieme, il MEC ha dato all'Europa tre decenni di prosperità e di civiltà.

È stato solo dopo, con l'avvio della globalizzazione, che è arrivato in Europa l'*Angelus Novus*: l'angelo dipinto da Paul Klee, che va in avanti, ma con la testa rivolta all'indietro!

Il primo passo fatto dall'UE camminando in questo modo è stato il Trattato di Maastricht (1992).

La creazione dell'euro, la moneta comune europea, era certo necessaria, non solo perché il mondo si stava facendo globale, privando così di forza le monete nazionali destinate a diventare sempre più piccole, ma anche come alternativa all'altrimenti inevitabile avvento, come moneta comune, del marco tedesco.

Ma, per il resto, fu una politica miope, drammaticamente incapace di capire quello che nel frattempo si stava sviluppando fuori dall'Europa, nel resto del mondo.

Avendo unificato su scala continentale, e certo con grande successo, il MEC, al vertice della politica europea, e con notevole supponenza, si pensava che proprio quello europeo potesse essere il modello di mercato da presentare al mondo, il modello che il mondo avrebbe adottato per via del suo sperimentato successo.

E tanto infallibile si pensava fosse il mercato che non era neppure prevista l'ipotesi che potesse entrare in crisi. Per verificarlo basta leggere il Trattato, e ci si accorgerà che non vi si trova la parola «crisi» (salvo in alcuni specifici e periferici articoli).

E tuttavia non si erano accorti, i politici europei, che quasi in contemporanea e in parallelo rispetto a Maastricht, a Marrakech, in Marocco, si stava formando e firmando un altro trattato: il WTO.

È stato così che, a partire dal 1994, la linea interna dell'integrazione «Europa su Europa» e la linea velleitaria della proiezione unilaterale dall'«Europa verso l'esterno» si venivano a incrociare con la linea rivoluzionaria dell'integrazione mercantile mondiale, una linea per effetto della quale venivano drammaticamente spiazzate tutte le vecchie coordinate nazionali di spazio e di tempo.

Ed è stato così che il derby tra i due trattati, quello di Maastricht e il WTO, ha visto la vittoria del secondo sul primo: il WTO era infatti, e da subito, divenuto il pantheon del nuovo rito mercantile globale.

È stato per effetto di questa asimmetria che si è verificato l'opposto di quanto inizialmente si era pensato in Europa: non era l'UE che entrava nella globalizzazione esportando il proprio modello di mercato, ma era la globalizzazione che entrava nell'Unione europea, spiazzandola.

L'UE conservava infatti, e anzi incrementava di continuo, le proprie regole e i propri divieti, previsti però solo «Europa su Europa», a partire dalle regole antitrust per arrivare al divieto di aiuti di Stato, un divieto introdotto nel 1997 con il cosiddetto Patto di stabilità e crescita (PSC), un patto che sarebbe poi stato applicato solo dal lato della stabilità.

Tutto questo rappresentava un apparato di regole e divieti applicati però solo alle imprese europee, e non alle concorrenti imprese extraeuropee.

E così, mentre da fuori i vetri della serra venivano rotti, i giardinieri europei continuavano a fare più o meno come prima, come se niente fosse. E ancora oggi, imperterriti, continuano a farlo.

Anzi, non come se fossero dentro una serra, piuttosto come se fossero dentro una chiesa, che difende e predica la sua ortodossia. Del resto, le posizioni ortodosse si fermano sempre un minuto prima dei problemi!

Dentro all'iper-regolato mercato europeo entrava infatti, e dominante, il mercato globale. Con imprese concorrenti, sottoposte a vincoli minori o addirittura non soggette a vincoli, e tra l'altro spesso beneficiarie di aiuti di Stato.

Ancora nel 2000, con la sua Agenda di Lisbona, l'UE annunciava al mondo «una strategia finalizzata a creare presupposti affinché l'economia europea possa diventare, entro il 2010, l'area più competitiva del mondo».

E tuttavia non c'è voluto molto per capire che così non funzionava, e in effetti di quell'Agenda non è rimasta traccia o memoria.

Come l'*Angelus Novus*, l'UE seguitava infatti a camminare con la testa rivolta all'indietro.

Si ripete: non è stata l'UE a entrare nella globalizzazione, esportando e imponendo il suo vincente modello politico, è stata piuttosto la globalizzazione che è entrata in un'Unione europea impreparata alla nuova realtà.

E molto di questo poteva essere evitato se nel nucleo della governance europea vi fosse stata meno *hybris* e più intelligenza politica, e se non fosse stata eccessiva l'attrazione da parte di Bruxelles di troppe competenze (una sorta di piramide rovesciata) e la benevola fabbrica per tutta l'UE di sempre nuove regole fatte per essere provvidenziali e benevole. Ma in realtà rivelatesi non proprio tali!

9
L'Europa, il continente più «regolato» del mondo

Gli edifici più iconografici e importanti dell'Unione europea si trovano a Bruxelles, in rue de la Loi, la via della legge.

E forse è stato proprio questo indirizzo, a Bruxelles si direbbe questa *location*, che ha sistematicamente ispirato la politica legislativa dell'UE.

Il totale complessivo delle pagine che dal 1952 ai primi nove mesi del 2024 sono state pubblicate sulle «Gazzette ufficiali» dell'Unione europea è infatti sviluppato per 397,2 chilometri lineari.[1]

Va poi aggiunto che, per effetto del cosiddetto meccanismo del «recepimento», una quota notevole di questa normativa, stimabile pari a circa il 60 per cento, entra direttamente all'interno dell'ordinamento dei singoli Stati dell'UE, dove peraltro spesso se ne registrano divergenti interpretazioni.

Va ancora notato che, in applicazione di principi europei, sono istituite le cosiddette *authorities*, autorità indipendenti che, a loro volta, sono fonte di norme cosiddette secondarie.[2] Norme che tuttavia, nei relativi settori, possono essere ancora più importanti delle norme primarie!

In contemporanea, anche la legislazione interna dei singoli Stati dell'UE si è sviluppata, e ovunque su scala chilometrica.

Ed è così che oggi quella dell'Unione europea si presenta come l'area continentale più «regolata» del mondo, e di riflesso come l'area continentale con l'economia più bloccata.

Tuttavia, questo è un dato che pare sistematicamente e stranamente (?) trascurato nelle analisi sulla competitività dell'UE.

Al principio, la prima regolamentazione europea è stata nel campo agricolo, ed era naturale che fosse così perché si era al tempo della Politica agricola comune (PAC), e in specie al principio del MEC con il Trattato di Roma (1957).

Ma poi è stato qui che, come in un brodo primordiale, ha preso a svilupparsi la legislazione agricola europea, una legislazione che da allora a oggi, giorno dopo giorno, si è sviluppata fino a integrare forme di grottesco folklore.

Già nel 1997 chi scrive scriveva sul *curiosum* delle norme che venivano via via prodotte a Bruxelles in materia di lumachine di mare, di banane, di fagioli.

Un ordinamento, già allora si notava, dove una banana non era una banana (europea), se non era lunga almeno 14 centimetri; dove un fagiolo non era un fagiolo (europeo), se aveva un diametro inferiore a 1 centimetro. E così via fino a oggi, in crescendo.[3]

Ma poi, a seguire, dopo l'agricoltura e la pesca, e dominante su tutto il campo economico e sociale, è venuta l'ideologia del mercato.

Con la globalizzazione, il mercato unico stava infatti diventando la base totalitaria del pensiero unico europeo, così che prima nell'economia, e poi nella società, si doveva e si voleva impiantare la fabbrica europea del nuovo uomo post-moderno.

In effetti, se è certo vero che la crescita delle regole si vede dappertutto nel mondo, è però anche e soprattutto vero che l'UE, totalitaria ed elitaria, salendo nella sua verticale di potere integrale, invece di essere un modello di cartesiana semplicità è divenuta l'opposto.

È stato così che partendo dal mercato, che doveva essere standardizzato e normalizzato per essere unificato, ha via via realizzato lo schema di un'Unione europea come società «disegnata». Un disegno prima economico e poi sociale, insieme ossessivo e pervasivo.

Un disegno verticale, caratterizzato dall'*horror vacui*. In cui tutto può e deve essere regolato, così venendo via via a emergere un apparato di regole civili, moderne e benevole, che da un lato standardizzano la tipologia delle merci, spianando la strada al consumo di massa, dall'altro garantiscono il consumatore informandolo minutamente e ossessivamente sul quando e il come consumare.

Ma in realtà l'etichetta è solo la parte che affiora. Il grosso è sotto. Il dominio delle regole non si limita infatti ai prodotti di consumo, ma si estende dalla produzione al consumatore stesso.

Perché il consumatore, per consolidare e allargare il mercato, deve essere creato e modellato in base a uno standard. Per il suo bene, s'intende.

Al consumatore europeo ideale, creato per il mercato e attraverso il mercato, le regole dell'UE non danno solo consigli per gli acquisti. Per lui viene infatti disegnato, meticolosamente, anche quello che si ritiene il migliore dei mondi possibili.

Ed è questo il valore aggiunto che è stato ed è tipico della regola europea. Una regola che agisce nell'unico modo che conosce, che è quello proprio di una superburocrazia. Identificando le garanzie con le specifiche tecniche dei prodotti, declinate con precisione maniacale. Oppure dettando precetti paternalistici, attuando una specie di pedagogia sociale. E ciò su ogni aspetto della vita: dalla scelta del cibo alla salute, al lavoro.

È così, con il progressismo obbligatorio, con il bene voluto che alla fine, diventando eccessivo, diviene male realizzato, con la burocrazia che domina sulla democrazia, con la *rule of law*, che si fa *excess of law*. È con tutto questo che l'UE è via via venuta ad autospiazzarsi nella competizione globale.

Il sistema europeo, che dal mito del mercato perfetto si proietta verso il modello della società perfetta, era ed è ancora oggi, e anzi lo è sempre di più, costruito come se l'UE fosse e potesse essere, rispetto al resto del mondo, una vera e propria «arcadia» post-moderna.

Ma in realtà, e all'opposto, era ed è proprio così che l'UE veniva e viene a essere sistematicamente spiazzata rispetto al resto del mondo.

Arrivata al culmine della sua evoluzione, l'UE si cala infatti sul mondo post-industriale con lo stesso peso con cui l'*ancien régime* si calava sul mondo agrario. Tra il sistema attuale delle *compliances* sociali e quello antico costituito dalle *corvées*, dalle gabellari servitù medievali, le analogie sono in specie impressionanti, così come gli effetti sono paralizzanti.

Come il Medioevo rappresentava, nella nostalgia del Marx di «borghesi e proletari», un sistema di variopinti vincoli feudali, quei vincoli che sarebbero poi stati lacerati dalla borghesia, così il sistema giuridico europeo si sta sviluppando tanto nel *particularisme* quanto nella *paralysis by analysis*.

Si entra in questo modo in un sistema fatto di mezze libertà, che esistono solo perché sono «patentate» e pagate. Un sistema fatto di continui, diffusi pedaggi e di permessi di sosta, di ceppi, di divieti, di gilde e di dazi, di capricciosi o casuali criteri di manomorta o di utenza, di diffuse forme di disobbedienza, di segmentati status di appartenenza alla comunità e di corrispondenti ricatti. Riappaiono, dunque, in forme nuove, le *lettres de cachet*, i meccanismi di fedecommesso e di decima.

Ma oggi, tanto con la globalizzazione quanto con la sua crisi, queste condizioni di equilibrio sono quasi del tutto scomparse. Le doppie complessità, della struttura reale e della struttura normativa, si sono infatti sovrapposte e alimentate a vicenda.

E doppie complessità concomitanti non si integrano, si disintegrano. Più la realtà sociale ed economica si fa complessa, più le formalità giuridiche derivate dai principi politici usati per governare l'UE dovrebbero essere semplificate. Invece non è così, ma l'opposto.

L'effetto finale è che il grado di complessità che caratterizza il sistema è ormai pari, se non superiore, a quello originariamente proprio dell'*ancien régime*, bloccato e dominato da parossistiche distinzioni di status, concepite come reti artificiali ingombranti in un mondo che separava tra loro nobili, chierici, plebei, ebrei, donne ecc.

Mentre l'*ancien régime* segmentava i doveri, ora si segmentano i diritti. Ma il prodotto non cambia. Antico o nuovo, un regime è infatti pur sempre un regime.

Da una complessità artificiale si è dunque partiti, e a una complessità artificiale si è infine tornati, sia pure per strade diverse. Come nel Medioevo le antiche superstizioni esistenziali avevano dato vita a una fitta rete di vincoli e di remore, così ora le nuove superstizioni, prodotte artificialmente dall'UE, si calano sulle attività produttive nella forma ugualmente capillare di una fitta rete di nuove inutili servitù: convenzioni sociali e forze artificiose che impediscono lo scorrimento della vita sviluppando non necessari effetti di attrito.

Ed è anche tutto questo che spiega oggi la crescita esponenziale e abnorme delle società di *consulting*.

E comunque, per farsi capire, ecco un esempio concreto.

L'art. 16 d.lgs. 19 marzo 1996, numero 242, notevolmente e graziosamente ha attenuato il rigore della normativa comunitaria in materia di «servizi igienici in azienda». Prima, una coppia di piccoli imprenditori artigiani, o commercianti, poteva avere un'unica toilette in casa, ma in azienda ne doveva avere due, rigorosamente separate per sesso. Ora la nuova e più flessibile normativa consente alle aziende con meno di 10 addetti l'utilizzo di una sola toilette, ma ne impone l'uso separato in funzione del diverso sesso. La trasgressione è sanzionata con norma penale.

L'esistenza nel sistema di una norma così strutturata genera tre quesiti essenziali. Primo: in base all'*argumentum a contrariis*, combinato con il criterio ermeneutico denominato «ipotesi del legislatore economico», si può forse sostenere la tesi che, a parità di sesso, è specularmente lecito l'uso congiunto di una stessa toilette? Secondo: come la mettiamo con chi appartiene alla comunità LGBTQ+? Terzo: ha senso civile che il legislatore si occupi di queste cose?

Per finire, dato che dall'agricoltura siamo partiti, va qui ricordato l'immortale scritto di Marx sui «furti di legname»: «Mentre non vi riuscirà di forzare la gente a credere che vi sia delitto dove delitto non v'è, riuscirete invece a trasformare il delitto in un atto legale. Avete cancellato i confini, ma vi sbagliate se credete che tale confusione avvenga solo a vostro vantaggio. Il popolo vede la punizione, ma non scorge il delitto, e poiché vede la punizione dove non esiste delitto, ben presto finirà per non vedere più il delitto dove è punizione. Con l'applicare la qualifica di furto dove non va applicata, siete riusciti a invalidarla anche nei casi dove andrebbe applicata».[4]

10
Dalla «troika» al «crematismo»

Prima ancora dell'apparizione del populismo, nel bestiario politico dell'Unione europea c'è stato un salto di specie, un salto che è stato fatto quando l'UE è saltata sulla «troika» (Junker, Draghi, Lagarde).

Un salto fatto verso un particolare tipo di fascismo, per così dire post-moderno: il «fascismo bianco».

Un salto considerato necessario per attuare le riforme strutturali, assumendo che la governabilità potesse e dovesse necessariamente prevalere sulla rappresentatività.[1]

E questo è stato fatto sacrificando e svendendo la Grecia, ignorando quanto era invece solennemente stabilito nell'articolo 2 del Trattato sull'Unione europea, secondo cui: «L'Unione europea si fonda sui valori del rispetto della dignità umana, della libertà, della democrazia, dell'uguaglianza, dello Stato di diritto e del rispetto dei diritti umani [...] e poi giustizia e solidarietà».

Si noti che in questo articolo non sono previsti, anzi non sono neppure elencati, i valori monetari!

Allora ai vertici dell'UE si pensava tuttavia che il fine contasse più dei mezzi. E tuttavia, con il passare del tempo, diventava sempre più chiaro che, per effetto delle maldestre scelte fatte dai tecno-statisti in carica a quel tempo,[2] erano proprio i mezzi che venivano a ribaltare l'idea europea del: «Federate i loro portafogli, federerete anche i loro cuori!».[3]

Fu per tutto ciò, verificato questo fallimento, che i vertici dell'UE fecero un secondo salto di specie, dal «fascismo bianco» al «crematismo» (dal greco *crema*, «denaro»), ovvero al culto del denaro creato a mezzo denaro.[4]

Ed è così che sui giornali del tempo si trova scritto quel che segue: «È cominciata con una puntualità tutta tedesca e con un quartetto d'archi» che il 28 ottobre 2019 si è aperta a Francoforte «la cerimonia del passaggio di consegne fra il presidente uscente della BCE, Mario Draghi, e Christine Lagarde, che prende il testimone per i prossimi 8 anni».

Convinti e partecipi, in platea ad applaudire, c'erano i principali capi di Stato e di Governo europei.

Un caso in cui è l'iconografia che dice tutto. Difficile, molto difficile sarebbe stato infatti vedere Adenauer o De Gasperi, De Gaulle o Kohl, Mitterrand o Cossiga seduti in platea ad applaudire i banchieri centrali, pur se vero che questi oggi amano definirsi come «gli eroi del nostro tempo» (Lagarde).

L'ultima volta che c'è stato qualcosa di simile è stato durante l'Esodo, quando il popolo, temendo che Mosè non tornasse dal Sinai, prese a adorare il vitello d'oro e così fu tutto un mangiare e bere e darsi al divertimento. Tornato Mosè, il vitello d'oro fu distrutto e il popolo tornò sulla retta via.

Il mito del vitello d'oro, il mito dell'oro, è risalito da allora a oggi.

Se ne trova traccia nel *Faust* di Goethe, dove Mefistofele spiega al sovrano che l'oro non è necessario cavarlo dalle miniere, è sufficiente che il sovrano sovraneggi senza limiti solo dicendo che l'oro c'è. Se ne trova traccia nella *Montagna incantata*, dove si immagina che «il denaro sarà imperatore» ma «solo fino alla completa demonizzazione della vita».

Come Picasso con la svolta cubista ha sintetizzato e superato le forme della natura, lo stesso in BCE hanno fatto i «Picasso» dell'economia, mettendo il surreale al posto del reale, mettendo il debito al posto del capitale, mettendo i liquidi al posto dei solidi, mettendo i vizi al posto delle virtù, mettendo i tassi a zero o sotto zero.

Secondo Marx il tasso zero sarebbe stato la fine del capitalismo. Non pensava al tasso sotto zero inventato dalla BCE!

In realtà, mentre la crisi del '29 fu superata imponendo alla finanza nuove regole e punendo i colpevoli, nel caso della crisi del 2008 è stato l'opposto: nessuna nuova regola è stata introdotta, e anzi i colpevoli, visti come salvatori, sono stati premiati e sono stati poi così abili da proporre ai popoli una replica della filosofia di «governo» predicata da Eliogabalo: «Volete voi essere governati dalla ragione o dalla magia?!».

E così a prevalere fu appunto, per inconsulta chiamata, la magia finanziaria.

Un conto sarebbe stato un pronto soccorso, approntato per gestire una crisi esplosa all'improvviso, come nel 2008. Un conto è stata invece la lunga degenza che da allora, e per un'interminabile decade, è arrivata fino a oggi, per mezzo di una continua cambiale girata dai popoli e dai governi alle banche centrali, e da queste al mercato finanziario globale.

E tuttavia, se negli USA la politica è comunque rimasta viva, per la forza delle loro istituzioni politiche, in Europa e per un perduto decennio la politica è invece quasi morta. Non per caso in Europa non è stata fatta, anzi neppure è stata tentata una di quelle «riforme» che pure prima erano state oggetto di sistematica domandante retorica politica.

Ma torniamo al principio.

In particolare il trionfo della finanza è stato basato, soprattutto nell'UE, sulla confusione tra tecnica e politica, e poi sulla supremazia della tecnica sulla politica.

Nella *Repubblica* di Platone la politica è detta *téchne politiké:* la forma superiore della tecnica. Per fare politica devi infatti conoscere «la struttura della nave, l'equipaggio, i fondali, le correnti, i venti e le stelle».

Non è stato così a Francoforte, con la BCE attiva in un processo ibrido in cui non era la politica a proseguire nell'economia, ma la finanza a sostituire la politica, ignorandone le basi democratiche.

È stata questa l'applicazione dell'ingannevole arte dei crematisti, i credenti nella moneta come monade magicamente astratta dalla realtà, ciecamente fiduciosi nella metafisica potenza del denaro, con le nuove zecche digitali globali usate per illudere di avere denaro che non si ha, ignorando un debito che invece si ha anche se il tasso è a zero o sotto zero, dentro una follia in cui niente è come appare, salvo solo che il rimedio è peggiore del male.

Per dieci lunghi anni il peggio di tutto questo si è visto proprio nell'Unione europea, con governi nazionali interessati a «governare» facendo spesa pubblica in deficit (per esempio, con sistematici, graziosi «bonus»), ma così facendo sottraendosi al vincolo costituzionale del «*no taxation without representation*». È questa la ragione per cui si andava a Francoforte per applaudire, ma pagando un prezzo per il biglietto d'ingresso in sala: il prezzo costituito dalla incostituzionale delega del potere politico alla BCE.

Oggi è ormai chiaro che tale processo si è sviluppato con la congiunta e contemporanea violazione delle due fondamentali regole dell'euro: il 2 per cento di inflazione, previsto come insuperabile *plafond*; il divieto per la BCE di finanziare i governi. E come è stata operata questa doppia violazione?

Per cominciare, quello che era un *plafond* è divenuto un *target*, un obiettivo da raggiungere. E l'obiettivo è stato in effetti raggiunto, tanto che l'inflazione è arrivata sopra l'8 per cento.

Il divieto è stato poi aggirato triangolando tra i governi, le banche e la BCE. I governi emettono titoli di debito pubblico, le banche private li sottoscrivono, ma per piazzarli subito dopo in BCE. Un processo questo che ha via via trasformato la BCE in un *hedge fund* intossicato e mezzo fallito.

È così, in specie, che in Europa il «*whatever it takes*», lanciato nel 2012 come un pronto soccorso, ma poi variamente praticato e sistematicamente celebrato lungo tutti i successivi dieci anni, si è trasformato in una lungodegenza incubatrice proprio del male che all'origine doveva curare. È così che dai conti in *billion* siamo passati ai conti in *trillion*. È così che la bolla della finanza è cresciuta fino a essere un multiplo della ricchezza reale.

È così che il celebrato salvifico «*whatever it takes*» si è via via trasformato in un «*whatever mistakes*», origine di un nuovo tipo di Leviatano: il «Leviatano finanziario», una creatura che pare onnipotente, ma che in realtà è tragicamente impotente perché, si ricordi, i debiti non sono mai un problema... fino a che non lo diventano!

11
Undici addizionali errori europei

Quello che segue è un elenco degli altri errori compiuti dall'Unione europea e/o dentro l'Unione europea, tra l'altro errori fatti anche ignorando alcune idee o proposte formulate dal Governo italiano in Eurogruppo o nel Consiglio economia e finanza (ECOFIN) e dintorni. Idee e proposte, queste, che il cancelliere dello scacchiere inglese amichevolmente usava definire «*protopopulist*»!

E in particolare:

1. il rifiuto degli eurobond. Un'idea formulata nel 2003 all'interno del «Programma della presidenza italiana». Il modello era tratto dal «Delors Plan» (1993), che prevedeva l'emissione di unionbond per finanziare le infrastrutture europee. La propo-

sta italiana era di emettere eurobond, non solo per finanziare le infrastrutture europee, ma anche per finanziare l'industria europea della difesa. Idea così motivata: «Nessuna diplomazia, nessuna politica nella storia ha mai avuto successo se non sostenuta da un'adeguata potenza militare».
All'interno del dibattito parlamentare che ne seguì a Strasburgo, la proposta fu oggetto di attenzione politica bipartisan: considerata positivamente da destra, perché definita «colbertiana»; considerata positivamente da sinistra, perché definita «keynesiana». Tuttavia fu subito rifiutata, proprio a partire dalla Commissione europea;

2. la contestazione della scelta unilaterale, unilaterale perché applicata solo nell'UE e non negli altri continenti, di rimuovere subito e radicalmente, e non gradualmente, i dazi. Chi scrive, con Umberto Bossi, proponeva invece, già nel 2003, la difesa delle nostre imprese.
La resistenza politica era allora fortissima: «[...] i porti del Mediterraneo devono aprirsi all'ingresso delle merci asiatiche» (Romano Prodi). Solo oggi, con enorme ritardo, vengono reintrodotti i dazi europei. E questo, giusto o sbagliato che sia, è come nel resto del mondo;

3. nel 2003 la Commissione europea e la BCE proposero sanzioni contro la Germania e la Francia. Fatta una premessa, per così dire storica, per cui le sanzioni alla Germania non portano mai fortuna, la presidenza italiana fece notare che Germania e Francia erano già in procedura per deficit eccessivo e che non deviavano intenzionalmente dai parametri europei, in specie non facevano una provocatoria politica di *deficit spending*, semplicemente avevano oggettive difficoltà politiche nell'operare ulteriori correzioni nei loro bilanci.
E questo era un caso in cui il «Patto» escludeva precisamente l'irrogazione di sanzioni a uno Stato membro. Un *curiosum*: chi voleva le sanzioni in base al «Patto», qualche giorno dopo disse che il «Patto» era stupido!;

4. il rifiuto dell'idea di usare l'IVA come *de-tax*, per finanziare lo sviluppo dell'Africa. E questo non solo per evitare l'impatto delle migrazioni sull'Europa, ma anche per evitare gli effetti di vuoto drammatico e destabilizzante che l'emigrazione avrebbe generato (e genera) in Africa, per effetto della migrazione all'estero dei più forti e congiuntamente dell'abbandono al loro destino dei più deboli. Questa un'idea che fu presentata in ECOFIN

e pubblicata sulla prima pagina di «Le Monde»... Purtroppo l'11 settembre 2001, una data sfortunata... L'idea fu comunque respinta dalla Commissione Prodi;

5. la crisi portata dalla globalizzazione arrivò in Europa con un relativo ritardo nell'autunno del 2008. E ci arrivò totalmente inattesa e a sorpresa. Ancora nell'estate di quell'anno, pur a fronte di un *caveat* italiano, la Commissione, la BCE, l'Eurogruppo e l'ECOFIN pianificavano l'applicazione al Regno Unito di sanzioni per gli indebiti «aiuti di Stato» concessi a favore della banca inglese Northern Rock. In specie, il Governo italiano, eletto nella primavera del 2008 con un programma elettorale che espressamente prevedeva l'arrivo di una crisi finanziaria globale, proprio per questo aveva formulato il suo *caveat*. E, in effetti, fu solo dopo, nell'autunno successivo, che quella degli aiuti di Stato, una tecnica che si pensava fosse un'eccezione da punire, diventò una regola applicata sistematicamente nel Centro e nel Nord Europa.
Al proposito va poi ricordata la lettera inviata il 29 settembre 2008 dall'Italia alla presidenza francese, in cui per la prima volta si proponeva di costituire un «Fondo europeo»;[1]

6. fu un errore il mancato sostegno europeo all'idea (italiana) di passare dal *free* al *fair trade*, come proposto dopo lo scoppio della crisi del 2008 con la stesura di una bozza di trattato multilaterale, il Global Legal Standard. Questo era stato votato dall'Assemblea dell'OCSE, nel 2010, ma certo non era sostenuto da chi invece (UE compresa) pensava che la scelta giusta fosse quella puramente finanziaria suggerita dal Financial Stability Board: in specie la scelta di stampare moneta dal nulla. Sia qui solo permesso di ricordare che nel Global Legal Standard, a proposito delle regole per il *fair trade*, all'articolo 4 si prevedevano «regole ambientali e igieniche» (... a proposito di Covid)!;

7. ancora va ricordata la pubblica contestazione contro la non felice passeggiata di Angela Merkel e Nicolas Sarkozy sul pontile di Deauville (autunno 2010), seguita dal messaggio che, come il mercato, così anche gli Stati potevano fallire!;

8. ancora l'idea di emettere eurobond per superare la crisi finanziaria,[2] un'idea allora rifiutata nell'UE;

9. la lettera Trichet-Draghi del 5 agosto 2011 con cui, dopo che il Consiglio europeo di giugno aveva

ufficialmente approvato il bilancio italiano, si chiedeva invece all'Italia l'anticipo del pareggio di bilancio, e tanto altro in più e in peggio. Questo il colpo di manovella per l'avvio di quel dolce *coup d'État* che sarebbe poi stato finalizzato ai danni dell'Italia nel successivo novembre;

10. il rifiuto della proposta italiana di stampare la banconota da 1 euro, una proposta certo non antieuropea, formulata anzi per dare all'euro, come al dollaro, una proiezione globale. E non invece, come si obiettava, un'idea formulata solo per superare le difficoltà nell'uso di monete metalliche di grande valore, che allora non era diffuso in Italia. La banconota da 1 dollaro esiste negli Stati Uniti dal 1863. La moneta da 1 euro esiste dal 2002, ma la banconota da 1 euro non esiste. Il modernissimo euro è infatti partito dal metallo, invertendo la secolare tendenza della ricchezza a dematerializzarsi. È dal *Faust* di Goethe in poi che la magia della carta insegue e supera la fisicità del metallo, e stupisce che proprio a Francoforte non se ne siano accorti!
La questione della banconota da 1 euro non era e non è un *de minimis*. Perché la forza strutturale di una moneta dipende da un complesso e vario in-

sieme di fattori politici, economici, geografici. Non solo da fattori monetari, questi certo tecnici, sofisticati, a volte imperscrutabili. Ma è la realtà che fa la realtà.

In particolare, una moneta è tanto più forte quanto più è diffusa.

La forza di una moneta deriva dunque anche dal suo uso terreno tra milioni di individui, per un piatto di cibo, per un paio di jeans, per un litro di carburante.

Fuori dall'Unione europea, nel resto del mondo, le banconote in euro vengono progressivamente accettate. E questo è certo un fatto positivo, dopo appena pochi anni.

Per contro, mentre la banconota da 1 dollaro ha circolazione universale, fuori dai confini dell'UE le monete in euro vengono invece sistematicamente respinte.

Cosa vuol dire? Vuol dire che, nella sua configurazione attuale, l'euro vola troppo alto per essere capillarmente e realmente diffuso. E questa non è una forza, ma una debolezza. È una debolezza perché, come in politica, così in economia i grandi numeri si fanno soprattutto con i piccoli numeri.

Il dollaro è un prodotto monetario che ha avuto

un grande successo «commerciale». Perché non imitarlo? Ci sarà una ragione se da 162 anni ancora si stampa e circola la banconota da 1 dollaro, pur avendo questa perso valore monetario, ma avendo conservato il proprio valore pratico.
I tecnici della moneta hanno dunque fatto politica, dove era meglio che non la facessero. Hanno però mancato un non marginale obiettivo strategico, che invece poteva essere raggiunto. Ci sarà in futuro l'euro digitale come singola unità di conto. E sarà già qualcosa, ma, per quanto notato sopra, non la stessa cosa;

11. da ultimo la Brexit. Dal lato inglese, un eccesso di avventurismo e di retorica nostalgia. Ma dal lato europeo un eccesso di incombente burocrazia, benzina nel motore della Brexit. Da ultimo, con la bozza della Direttiva europea sul «*Toilet flushing*», prevista per standardizzare le toilette di tutta Europa... Inghilterra compresa. Una bozza che fu ritirata solo *in extremis*, appena qualche giorno prima della Brexit, ma ormai inutilmente. Per arrivare, proprio nel pieno della campagna referendaria, alla Direttiva su «*Health and safety measure to stop hairdressers wearing high-heel shoes*», a tutela delle parrucchiere contro il rischio di tacchi troppo alti!

12
La cosiddetta «policrisi»

La Bibbia è un grande magazzino di miti e, tra questi, c'è anche il mito della Torre di Babele, il mito della distruttiva moltiplicazione dei linguaggi.

E in effetti è così che oggi, all'interno degli illuminati circoli che a suo tempo sono stati fondanti del globalismo, ha preso a circolare una parola nuova: «policrisi» (*Polycrisis*).

Una parola davvero molto sofisticata, scelta per presentare al mondo, come se si trattasse di una novità, la drammatica varietà delle crisi che affliggono il tempo presente.

Quello che così si tende però a nascondere, è che le tante crisi che oggi ci affliggono sono quasi tutte crisi-figlie, derivanti da un'unica crisi-madre, crisi derivanti dalla fine della globalizzazione, dalla fine dell'utopia che per troppi anni e da troppi è stata posta alla base di un credo, di una narrazione e dei propri interessi.

In realtà, ciò che oggi è chiaro è che non solo vengono a emergere crisi vecchie, crisi che la globalizzazione aveva nascosto, ma soprattutto avanzano crisi nuove, generate proprio dalla globalizzazione.

E in effetti è per tutto questo che siamo dentro un mondo che è tornato a essere, come già è stato a tratti nella storia, un mondo «anormalmente normale».

E così, sempre facendo riferimento alla Bibbia, è stato in specie notato che: «Le piaghe d'Egitto sono state dieci e la salvezza è stata nell'Esodo. Finora sette sono state le "piaghe della globalizzazione": il disastro ambientale; lo svuotamento della democrazia sversata nella repubblica internazionale del denaro; le società in decomposizione nel vuoto della vita; la spinta verso il transumano; l'apparizione dei giganti della Rete; la pandemia; la guerra. Ma è un numero destinato a salire: inflazione e recessione, crisi finanziarie, carestie, migrazioni, altre guerre. Tutti sconnessi anelli di una stessa catena, perché non è la fine dell'inizio e non è neppure l'inizio della fine».[1]

Eppure, se il futuro che verrà non è ancora scritto, non è necessario e non è fatale che questo sia tutto negativo: dipende da noi.

Ma avendo noi ben chiaro che gli errori non possono essere visti come soluzioni, e che le soluzioni non possono replicare gli errori. Ed è questa la direzione, è questo il senso delle pagine che seguono.

13
Che fare, per un'Europa che ormai vive la fine della sua seconda «Belle Époque»?

Che fare? è il titolo di un saggio rivoluzionario di Lenin.

Qualcosa, anche se forse di non così rivoluzionario, può essere fatto nell'Unione europea.

Oggi che per l'UE si stanno ipotizzando forme varie di transizione – digitale, verde e così via – qui di seguito si prospettano invece come assolutamente prioritarie tre altre forme di transizione, da sviluppare nel dominio militare, legale e sociale. Nei termini che seguono:

1. la transizione militare.
Un effetto naturale della «pace dei trent'anni» è stato la drastica riduzione degli investimenti e delle spese militari.[1] Una riduzione che è stata tra l'altro accompagnata dall'eliminazione delle leve militari obbligatorie.

Oggi l'incremento delle spese militari è, all'opposto, necessario, e lo è per due ragioni.
Perché il ritorno della guerra sui confini dell'Unione europea impone oggi, e in tutta l'UE, un drastico incremento delle spese per la difesa.
Perché, in parallelo rispetto al ritorno della guerra, è necessario attivare dentro il Patto atlantico, un patto che non per caso ma *pour cause* ancora si chiama così, e cioè «atlantico», una difesa più forte anche se «con meno America». E questo perché va messo in conto lo spostamento strategico degli USA dall'Atlantico alla regione dell'Indopacifico.
Per tutte queste ragioni i vincoli di bilancio oggi previsti e/o imposti dall'UE agli Stati membri, e a se stessa, devono essere allentati per le voci relative alla spesa per la difesa.
Sarebbe del resto davvero grave l'errore di offrire a Putin un'Unione europea indifesa, ma... con i conti in ordine!
Ciò premesso, va in specie notato che nell'UE la spesa militare può e deve essere tanto statale quanto europea, e in quest'ultimo caso può certamente essere finanziata attraverso dedicate emissioni di eurobond, come era già stato proposto nel 2003 dal Governo italiano.
Va in particolare notato, a questo specifico propo-

sito, che alla base dei relativi calcoli economici possono essere messi i positivi effetti di innovazione e di sviluppo che da sempre sono tipici dell'industria militare.

A titolo indicativo, a questo proposito si può ricordare che la Seconda guerra mondiale è iniziata con i cavalli e con le divise storiche, ed è terminata con i computer, con gli aerei a reazione, con i missili, ecc.

E in questo senso già la guerra in Ucraina, iniziata più o meno come una guerra convenzionale (anche se segnalata per vie satellitari), vede oggi l'apparizione e/o l'evoluzione di nuove forme e tipi di armamento.

Quella in atto in Ucraina ci si presenta in specie come una guerra sorprendente, come del resto già altre volte è stato nella storia.

«Se non fosse morto, sarebbe ancora in vita.» Così, nel 1525, fu lapalissianamente detto per Jacques de La Palice, il nobile cavaliere francese caduto mezzo millennio fa nella battaglia di Pavia, abbattuto dal colpo di un archibugio sparato da un oscuro fante spagnolo.

E l'eccidio, insieme con La Palice, degli altri cavalieri francesi – la cavalleria di Francia era la più poderosa forza militare del tempo – annunziò di

castello in altro sgomento castello la fine di un'epoca: la fine dell'arma bianca, battuta dall'arma da fuoco. E soprattutto, e per sempre, il trionfo sui nobili del popolo. Del popolo che da allora, e per sempre, avrebbe preso il suo posto nella storia.
E anche questa, per tornare al principio di questo libro, è stata una rivoluzione... del Cinquecento!
A ben vedere, tutto ciò non è poi molto diverso da quello che sta accadendo oggi, con gli appiedati fanti ucraini che, con i loro missili portatili al posto degli archibugi, distruggono carri armati che al principio erano stati messi in colonna come a combattere una guerra del secolo scorso.
Oggi la guerra tra Russia e Ucraina pare già una guerra tra passato e futuro, tra trincee, droni e informatica. E ci saranno in futuro anche conflitti asimmetrici, ibridi, combattuti via web, con il supercalcolo, con i cybermezzi, con l'IA, con la robotica, razionando le sementi in agricoltura o i farmaci in medicina, ecc.
Fra l'altro, quella che serve all'UE è anche una proiezione militare esterna, per difendere nei mari le vitali rotte dei suoi commerci;

2. la transizione legale.
Se Guglielmo Marconi operasse oggi, avrebbe ele-

vate probabilità di essere fermato, in specie di avere guai con la giustizia, anche di finire in prigione: per violazione del codice postale, data la non autorizzata emissione nell'etere di segnali; per violazione del codice della navigazione, data la non autorizzata trasformazione in laboratorio scientifico del panfilo *Elettra*; per violazioni fiscali, dato che l'*Elettra* era la stabile organizzazione in Italia della Marconi International, società con sede nel Regno Unito.

Questo per dire che nell'UE sono state via via create troppe regole, e paralizzanti.

Con tali regole, ferme e vigenti tutte insieme, è evidente come sia da escludere in partenza la capacità dell'Unione europea di incrementare la propria produzione per poter competere nel mondo globale.

Ed è davvero curioso, ma per la verità è anche sintomatico, che questa realtà negativa sia totalmente ignorata nei rapporti citati sopra.

In ogni caso la politica legislativa dell'UE non può continuare nei termini, nelle quantità e nelle forme paralizzanti che sono state esposte nel capitolo 9.

Piuttosto, è strategicamente essenziale, oltre che dal lato del PIL anche per il progresso scientifico, che sia messo un freno alle troppe regole che ancora escono a regime continuo dalla fabbrica giuridica europea.

Un'ipotesi aggiuntiva potrebbe poi essere quella di consentire ai singoli Stati dell'UE di disapplicare le regole europee che non ritengono utili, regole che finora sono state i mattoni del suicida laboratorio legislativo europeo.

Si noti che questo sarebbe del resto conforme all'idea politica di un'Unione europea a struttura confederale.

Un'idea questa che, se applicata, sarebbe perfettamente allineata al citato auspicio di Adenauer;

3. la transizione sociale.

Oggi che una quota, per la verità calante, delle *élite* occidentali ancora insiste nel porre come fondamento identitario della democrazia post-moderna il suo liquido stile di vita, in alternativa viene in mente questo romantico passo dell'*Iperione* di Friedrich Hölderlin: «Il popolo è ebbro. Non ascoltano leggi, necessità e giudici; i costumi sono sommersi da un frastuono astruso... e i giorni consacrati all'umile culto Divino si sono ridotti a uno solo».

Ed è ancora oggi questo il lato giusto, quello da cui ricominciare per andare oltre il lato storto del

«pensiero riduzionista, unilaterale, manicheo, puramente matematico».[2]
Finita l'illusione dell'artificiale, un'illusione che è stata e che è ancora tipica dell'età post-moderna, oggi è assolutamente necessario tornare al naturale della vita, di quella vita che per secoli e secoli ha fatto in Europa la vita dell'Europa, ben prima che questa si facesse UE.
La tesi che in specie si intende qui di seguito sostenere non è quella che oggi la democrazia è davvero in crisi, come è di moda sostenere, ma che lo sarà davvero per effetto del rapporto inverso che si va a costituire tra democrazia e demografia.
Trockij non ha avuto il tempo di vedere l'Unione europea, ma era uno che, seppure a suo modo, di democrazia se ne intendeva, così che a suo tempo ebbe a dire: «Per analogia con l'elettrotecnica, la democrazia può essere definita un sistema di commutatori e di isolanti a contrastare le correnti troppo intense della lotta nazionale e sociale. Nessuna epoca, nella storia dell'uomo, è stata satura di antagonismi come la nostra. In diversi punti della rete europea si avverte sempre più spesso un sovraccarico di corrente. E commutatori della democrazia sottoposti alla tensione troppo alta delle contraddizioni di classe e internazionali si fondo-

no o vanno in pezzi. Sono questi cortocircuiti che portano alla dittatura. I primi a cedere sono, naturalmente, gli interruttori più fragili».[3]

Qui di seguito si sostiene in specie che oggi nell'UE l'interruttore più fragile è quello demografico.

Per capirlo dobbiamo cominciare a comprendere, e questo sarebbe già molto, cosa ci è successo.

Forse è il caso di fermarci per un attimo, in attesa che la nostra anima ci raggiunga!

Cos'è successo in questi anni, cos'ha cambiato la nostra vita? Cosa ci ha portato via la speranza? Cosa ci consegna a un futuro senza futuro? Perché, come nell'Ottocento era per i non istruiti, oggi sono invece proprio gli istruiti che hanno paura dell'intelligenza informatica, della scienza, in una parola del progresso? Perché abbiamo buttato via la civiltà contadina, ma abbiamo difficoltà nel gestire la modernità? Perché abbiamo scambiato i valori con gli interessi, l'essere con l'avere, l'umanesimo con il consumismo? Perché, barattando il piccolo con il grande, abbiamo firmato una cambiale mefistofelica con il dio mercato? Perché, passando disinvoltamente *from Marx to the market*, dall'utopia comunista all'utopia mercatista, abbiamo fatto del mercato unico il nostro nuovo habitat? Un territorio nuovo popolato da nuovi simboli, da

nuove icone, da nuovi totem: pop, rap, jeans, reality, ecstasy, PC, online, e-commerce, eBay, iPod, DVD, Facebook, r'n'b disco, techno, TomTom, ecc. Simboli, icone e totem capaci, tutti insieme, di avvolgerci nella forza virtuale propria di una nuova dialettica esistenziale. Nella forma dinamica continua di un nuovo materialismo storico, la fabbrica illusoria del nuovo uomo post-moderno.
Perché siamo passati da un eccesso all'eccesso opposto? Dall'impulso del bisogno alla frenesia compulsiva dello spreco? Cosa ha piegato le curve un tempo piene del nostro progresso, cosa ci ha portato in questa situazione?
Perché la crisi della nostra società, prima ancora che dall'arrivo prossimo della nuova paura portata dalla globalizzazione, è già segnata dallo straniamento, dalla solitudine e dalla moltitudine, dal nichilismo, da esplosioni irrazionali di violenza individuale e collettiva, dai delitti inspiegabili, dalla diffusione su scala di massa della droga, dallo squadrismo calcistico, dal principio di tanti piccoli pogrom?
Perché c'è tanta alienazione dalla politica, come se dopo il comunismo fossero possibili solo le privatizzazioni? Perché stiamo perdendo il nostro tessuto connettivo? Perché ci sono più turisti fuori che

fedeli dentro le nostre cattedrali, lo splendore pietrificato della nostra storia? Perché si fa fatica a credere, ma c'è anche il totale smarrimento per il fatto di non credere? Perché tante periferie cingono le nostre città in una morsa ostile? Che origini, che intensità hanno le forze che tra loro combinate ci lavorano contro? Perché l'Europa ci si presenta così simile all'*Angelus Novus* di Klee, con la testa rivolta all'indietro, mentre il vento del progresso la trascina oltre? Perché l'Europa non è più la signora della storia e rischia, anzi, di essere spiazzata dalla storia, restandovi solo come un mero agglomerato geografico? Perché altri nel mondo hanno una politica, mentre noi in Europa abbiamo per politica la non politica? Cosa possiamo fare per invertire questa tendenza, per sottrarci a questa non ineluttabile fatalità?

Il mito del XXI secolo, il mito dell'economia che è tutto, che sa tutto, che fa tutto; il mito dell'economia dominatrice assoluta della nostra esistenza, matrice esclusiva di tutti i saperi, di tutti i valori; il mito a cui soprattutto in Europa tantissimi hanno creduto in questi ultimi anni, ci ha in realtà prima rubato un pezzo di vita e di storia – come eravamo, con il nostro vecchio ordine e con le nostre vecchie leggi, con le nostre tradizioni e con valori che pensavamo immutabili, immersi nella nostra cultura –, e poi ha fallito nel suo piano innovativo e progressivo di ingegneria sociale globale mossa dal motore primo della finanza.

Ed è così che si è arrivati alla fase terminale, che oggi viviamo. Finite le illusioni, risolte nel contrario tutte le certezze, oggi viviamo la fase dello sconcerto, dei dubbi più radicali, del ritorno dal viaggio fatto nel futuro, del ritorno verso paure ancestrali che si pensavano per sempre superate.

E non è stata, e non è sufficiente per questo mondo post-moderno, la simbolica, in teoria salvifica, immersione che lo sport ha fatto nell'ibridismo.

Dopo l'uso politico delle Olimpiadi di Berlino nel 1936, volute come trionfo del nazismo, è infatti venuta, ma tristissima, la celebrazione dell'ibridismo nella sua parigina decadente rappresentazione.

E poi non solo questo: la società è entrata in decomposizione nel vuoto della vita, c'è stato il libero passaggio dalla rigidità del *sexual status* alla fluida *sexual-orientation*. E c'è stata la creazione globale di nuovi titoli di libertà, nell'artificiale costruzione della propria natura: liberi di costruire autonomie e identità sulla scorta di categorie contemporanee, non come un tempo, quando solo capitava di nascere e di morire. E poi, certo non meno rilevante

per il futuro delle società occidentali, l'intensificazione ormai sistematica del sincretismo, del pensiero debole e infine della *cancel culture*.
Tutte queste le basi per l'elaborazione di nuove forme di pensiero: oltre al pensiero unico, basico per la globalizzazione, un nuovo demenziale tipo di pensiero, che mischia arcaico e futuro, tradizione e *new age*, locale ed esotico. Da ultimo vediamo che sono disponibili, via Internet, massicce offerte di uscita dal presente e opportunità di salvezza attraverso il «fitness religioso» orientale: tai chi, qi gong, yoga, reiki, Osho, Sathya Sai Baba, ayurveda. O forme nuove di comunità, come la famiglia TikTok.
È poi così che, avendo quasi eliminato i cuori, in compenso abbiamo sublimato i portafogli, attraverso un'inversione nell'ordine dei tradizionali valori economici. E infatti per molti un bene o un servizio non costano di più perché valgono, ma valgono perché costano!
Per esempio, è così che gli orologi si sono impadroniti dei padroni, in questo modo combinando insieme la *vanitas* e la *fragilitas* del lusso. È così che siamo entrati in un mondo *à la carte*, dove i cuochi (stellati) davvero sembrano essersi impadroniti del timone della nave.

E non solo. Nella partita doppia della ragioneria post-moderna, il vecchio conto patrimoniale, così chiamato per derivazione dal latino *pater*, ed era per questo il conto della responsabilità, dove si conteggiavano i valori strutturati, la responsabilità verso la famiglia, verso il territorio, verso i dipendenti, ebbene questo conto è stato spiazzato dal conto economico, ovvero dal conto finanziario, ma questo pure viene sempre più abbreviato, con il passaggio dall'anno al semestre, infine al tempo istantaneo di un *deal*.

E poi ancora è sintomatico che per l'acquisto di un'automobile non si parli quasi più di prezzo, ma piuttosto di un canone finanziario mensile.

E se, per un certo periodo, tutti i differenziali così creati non hanno destabilizzato le nostre strutture sociali, è stato solo perché se i ricchi avevano il superfluo, i poveri comunque avevano il necessario, e con questo la gioia per l'acquisto di un bene: il televisore, un elettrodomestico, l'auto.

Oggi i termini del rapporto sono ormai rovesciati, e non è tanto o solo perché i ricchi sono iperbolicamente sempre più ricchi, è perché i poveri sono sempre più poveri. E questo sarà sempre più evidente dal lato della sanità e delle pensioni, del cosiddetto Stato sociale o *Welfare State*.

Ed è proprio per questo che nell'Unione europea la povertà sarà, per le crescenti masse dei nuovi poveri, una nuova forma di identità.
La decadenza dell'Impero romano inizia con l'imperatore Eliogabalo che pensa di poter essere uomo di giorno, donna di notte. Ma oggi, in realtà, è l'edonismo che è diventato un lusso proibitivo.
Per essere chiari: la politica che vede solo i diritti individuali, ignorando i doveri collettivi, sta producendo e soprattutto produrrà in futuro effetti sociali drammatici.
Finora il nostro sistema di Stato sociale ha infatti funzionato in base alla serie «dalla culla alla tomba». Oggi le nostre curve demografiche sono già drammatiche, ma in pochissimo tempo niente culle vorrà dire niente Stato sociale, e di conseguenza niente sanità pubblica e niente pensioni!
Questo non è rilevante per i pochi più fortunati, ma si annuncia come una tragedia regressiva per la massa dei poveri, portando con sé una tragedia prima sociale e poi politica.
In tale contesto, sarà necessaria la revisione dei nuovi (?) criteri di bilancio per la spesa sociale e sanitaria, e potrà essere conteggiata a copertura la creazione di nuova ricchezza conseguente alla libertà dalle troppe regole europee.

Potrebbe poi forse essere anche utile la generalizzazione europea del sistema italiano del «5x1000», finora una molto sentita e partecipata forma di democrazia diretta, per cui viene dato direttamente al cittadino il titolo per formulare scelte di spesa pubblica sociale, a partire dal volontariato e dalla ricerca (oggi per la verità il catalogo delle causali previste in Italia è diventato un po' troppo ampio). In specie, la percentuale del «5x1000» potrebbe essere aumentata, e lo strumento diffuso in tutta l'UE, estendendo così da un lato il senso della *res publica*, ma anche, e simmetricamente, riducendo il senso di solitudine che si aprirebbe con l'ingresso dei cittadini in tante comunità.

In questo senso sarebbe un meccanismo democratico molto più efficace dell'attuale *one-click democracy*, dato che la democrazia è una pianta che va coltivata e corroborata.

14
Il resto del mondo

Prima di terminare questo libro, percorriamo la costellazione delle altre forze che nel mondo sono o potranno essere in campo:

1. il Medio Oriente ci si presenta oggi come il lato oscuro della Bibbia, come un luogo di caos e di orrore. E questo non è certo per caso, si tratta infatti di un luogo che è stato doppiamente colonizzato. Colonizzato prima, con l'imperialismo coloniale occidentale classico; colonizzato più di recente con la «democratica» esportazione della democrazia, come se questa fosse una *commodity*, tipo un McDonald's.
Un tipo di esportazione che è stata operata prima con le cosiddette «primavere arabe», quasi tutte

attivate sulle onde di Google. E poi con vere e proprie guerre, pure parimenti «democratiche», che in sequenza hanno distrutto tre Stati: la Libia, l'Iraq (quello che era stato l'antemurale opposto all'Iran!) e poi la Siria. E stiamo arrivando al quarto, il Libano.

È stato così, supponendo che una «striscia» potesse sostituire uno Stato, che si sono costituiti i naturali presupposti per la nascita di due organizzazioni terroristiche: Hezbollah e Hamas.

E oggi non sembra neppure essere un fattore di ordine globale il progetto di far passare la «Nuova via del cotone» (IMEC) nella parte occidentale del Medio Oriente.

Una via questa che dovrebbe essere competitiva rispetto alle «vie della seta» che già oggi, su impulso della Cina, più a nord scorre da est verso ovest all'interno del continente europeo.

Questa nuova via non solo attiverebbe la competizione tra l'India e la Cina, ma creerebbe soprattutto un'ulteriore forma di divisione all'interno del Medio Oriente. In specie, la divisione tra i circa 50 milioni di persone che a ovest ne verrebbero gratificati e i 300 milioni che a est ne verrebbero spiazzati.

E non pare sia stato un caso (pare che *non* lo sia

stato!) che la strage del 7 ottobre 2023 sia venuta appena 27 giorni dopo l'annuncio dell'IMEC, fatto al G20 di Nuova Delhi, il 10 settembre;

2. la Russia è oggi afflitta da tante complesse e cumulative avversità. Una su tutte: una demografia avversa, effetto tra l'altro di quella che un tempo si usava chiamare «la cattiva medicina», alias la vodka.
In ogni caso la Russia è un Paese che dopo l'impero mongolo, dopo l'impero zarista, dopo l'impero comunista, ha oggi più passato che futuro, e che tuttavia non avrà più per futuro un impero.
Ed è per questo che oggi ogni richiesta di pace che fosse rivolta alla Russia (e non alla Cina) sarebbe rivolta dal lato sbagliato;

3. l'Africa è un continente ancora incognito, anche perché di Afriche ce ne sono tante e varie, a nord e a sud, a est e a ovest, con diversi gradi di sviluppo e di stabilità, e perciò alternate tra presente e futuro.
La dinamica dei grandi numeri della popolazione e quella del clima già oggi aprono scenari non facilmente decifrabili. In ogni caso è già evidente che: «[...] evocata dal colonialismo, la povertà del mondo ha lentamente cominciato a muoversi, da sud verso nord»;[1]

4. l'India è una delle cinque maggiori potenze economiche del globo. A differenza della Cina, che ha poca libertà e molta disciplina, l'India ha molta libertà... e poca disciplina!
È comunque un Paese che, nello scenario globale, ha più futuro che passato.
E in specie ha una demografia superpositiva, un'economia in crescita, una resiliente democrazia. Se non subito, l'India avrà dunque un crescente futuro globale.
In ogni caso, se è vero che negli anni del comunismo l'India è stata vicina all'URSS e non alla Cina, questo è stato... proprio perché c'era la Cina!
È poi anche vero che oggi l'India sta sviluppando nell'area dell'Indopacifico una forte partnership con l'Occidente. Certo, l'India è parte dei cosiddetti BRICS, ma dal lato dell'India questa non pare comunque una presenza contraria all'Occidente, come è invece per gli altri Stati membri del BRICS. Semmai la posizione dell'India nei BRICS è coerente con la sua storica inclinazione alla neutralità;

5. i cosiddetti BRICS (Brasile, Russia, India, Cina, Sudafrica, Etiopia, Emirati Arabi Uniti, Egitto, Iran). È questa una formula politica transnazionale nuova, unificata da una cifra politica prevalente,

l'opposizione al mondo occidentale. Nello scenario geopolitico del tempo presente i BRICS costituiscono in effetti una relativa novità.

Molto diverso era stato il movimento dei cosiddetti «Paesi non allineati», guidati da Tito, Nasser, Nehru, Nkrumah e Sukarno, durante la guerra fredda.

Oggi i BRICS sono 9, ma saranno presto 22, per l'ingresso di altri 13 Stati membri (Algeria, Bielorussia, Bolivia, Cuba, Indonesia, Kazakistan, Malesia, Nigeria, Thailandia, Turchia, Uganda, Uzbekistan, Vietnam).

In questa dimensione dovrebbero rappresentare il 57 per cento circa della popolazione mondiale.

Ciò premesso, va peraltro notato che se è certo vero che il G7 ha una popolazione limitata a soli 780 milioni di persone, è però anche vero che ha in moneta il signoraggio sul mondo: i Paesi in via di sviluppo spendono infatti circa il 42 per cento del loro bilancio sul debito in dollari!

L'unica forma di signoraggio che i BRICS potrebbero esercitare è forse sulle sementi.

Nella riunione BRICS del 22-24 ottobre 2024 che si è tenuta a Kazan, in Russia, il presidente cinese ha in effetti sostenuto che «è per la tendenza generale di pace e sviluppo che noi Paesi BRICS ci siamo riuniti»;

6. la Cina. Ha appena avuto trent'anni di crescita vertiginosa, ma ha comunque due millenni di storia.
Ed è proprio per questo che oggi la Cina può essere, con gli USA e il G7, il «motore mobile» della politica globale.
Chi scrive ricorda una sua lezione sulla globalizzazione tenuta il 19 novembre 2009 a Pechino nella Scuola centrale del Partito comunista cinese, e in specie una frase formulata il giorno dopo dall'ospite: «Vorremmo diventare un po' ricchi, prima di diventare troppo vecchi».
In effetti, guardando la Cina su Google Maps si vedeva allora che la costa era (ed è ancora) superilluminata, ma guardando l'interno si vedeva (e si vede ancora) una vastissima estensione quasi priva di luci, escluse le cosiddette «città centrali», cresciute soprattutto dopo la crisi del 2008. Un'estensione che fa pensare alla criticità della vita di chi si trova in un'area caratterizzata da «*ageing population in rural areas*».[2]
Da allora molto è cambiato, e certo in meglio, ma resta, per la Cina (e per la verità non solo per la Cina), l'avverso profilo demografico. Su questo una necessaria specifica politica.
In Cina la massa della popolazione è comunque, e

sarà a lungo, enorme, perciò potrà essere gestibile e controllabile solo con un'elevata quantità di disciplina politica.

Ma se è vero che la disciplina favorisce lo sviluppo della tecnica, è però anche vero che la disciplina esclude la libertà, e perciò esclude la *scienza*, la scienza che invece, e da sempre, è essenziale per il progresso.

In ogni caso è poi affascinante e interessante notare la mutazione politica in atto in Cina, con il progressivo passaggio dal marxismo, un'ideologia di matrice europea, al confucianesimo, un diverso tipo di filosofia.

Resta poi il fatto non trascurabile che, come da sempre si dice nel mondo anglosassone, la Cina non è un Paese di «guerrieri», come sono invece, o comunque come si autodefiniscono gli anglosassoni.

Ed è per questo che oggi la Cina, con la sua politica mercantile, continua in realtà a fare quella che nel capitolo 3 di questo libro è stata definita «guerra civile».

Ovvero, non la guerra combattuta per conquistare il territorio degli altri, ma la guerra come proiezione mercantile delle proprie merci sul territorio degli altri.

Ed è stato proprio così negli anni appena passati e, dal lato della Cina, si vorrebbe che questo ancora continuasse come prima, anzi ancora più di prima con le «vie della seta».
Ed è così, per ironia della storia, che la Cina oggi rovescia la profezia di Marx ed Engels, che nel *Manifesto del partito comunista* del 1848 scrivevano: «I bassi prezzi delle merci sono la pesante artiglieria con la quale l'industria europea atterra tutte le muraglie cinesi!».
E, in effetti, negli anni della globalizzazione è stato proprio così, ma a parti invertite.
Con la variante che tutto questo oggi non si sviluppa più solo verso l'area atlantica, ma anche verso quella del Pacifico, portandoci verso quello che Theodore Roosevelt, inaugurando il canale di Panama, ebbe a dire che sarebbe divenuto il «nuovo Mediterraneo»;

7. il G7 unifica oggi 7 Stati (Stati Uniti, Regno Unito, Giappone, Germania, Francia, Italia, Canada) con una popolazione pari a 780 milioni di persone e una quota vastissima del PIL mondiale.
Ed è comunque nell'insieme un blocco che in sé concentra due essenziali fattori strategici:

a) la forza finanziaria, che ancora ruota intorno al dollaro;
b) la libertà, unica fonte possibile della scienza. Altri hanno la tecnica, e la sviluppano al massimo, ma con un altissimo grado di disciplina. La scienza è un'altra cosa, e il caso del Covid lo dimostra!

15
Pace o guerra? Una nuova «Bretton Woods»

Messe in questa diversa sequenza, pace o guerra sono due parole che fanno ruotare il mappamondo nel senso della speranza, per via di una tentata ragionata analisi sul presente e sul futuro possibile.

Una speranza di cui non si trova traccia nel cupo delle tane di tanti dittatori, ma neppure nel gelo di molti laboratori politici occidentali dove, per derivazione da complesse e complessate letture dei classici, si ipotizza e si vagheggia che nel Pacifico possa venire una guerra non dissimile da quella che c'è stata nel Peloponneso al tempo di cui narra Tucidide.

E questo per effetto di un bilaterale provocatorio antagonismo, allora tra Sparta e Atene, oggi tra USA e Cina. Al principio l'ascesa della nuova potenza di Atene e la reazione di Sparta. Oggi, e in un non remoto futuro, si prevede la reazione degli USA all'aggressività della Cina.

In effetti tanti sono oggi, e un po' dappertutto, anche fuori dal Pacifico, i sonnambuli che profetizzano un fatale scontro tra Stati «*destined for war*».

È stato certo così al tempo delle ideologie, e comunque fino alla caduta del Muro di Berlino, ma oggi non è fatale che sia così.

Non è fatale che possa avere campo solo una visione del mondo strutturata in termini di utopia negativa, con il ritorno a due blocchi antagonisti.

All'opposto, è proprio al tramonto e non prima che, simbolo di saggezza, spicca il suo volo la civetta di Minerva.

È per questa ragione che nelle pagine che seguono si formula un'ipotesi alternativa, se non per fare la pace, o addirittura una kantiana pace perpetua, quanto meno per rinviare la guerra.

E c'è una certa differenza tra queste due ipotesi, tra una possibile pace temporanea e la pace perpetua, perché nel frattempo il mondo potrebbe cambiare, tanto con la crisi di alcune tra le forze che finora sono schierate nel campo del male, quanto con l'emersione, all'interno dello scenario geopolitico, di forze nuove e non necessariamente negative.

Se, infatti, la globalizzazione come utopia e come progetto politico è in crisi, si sta però ancora sviluppando, e su scala mondiale, il commercio, con enormi flussi commerciali che attraversano tanto il continente eurasiatico quanto i due oceani.

Per quanto siano state e siano intense le operazioni cosiddette di *decoupling* o di *derisking* o di *friend shoring* fatte dall'Occidente per rimpatriare le linee di produzione industriale, per quanto elevate siano le barriere doganali elevate a difesa dell'industria occidentale, in un mondo comunque divenuto globale il commercio internazionale è infatti, e sarà comunque, una realtà insopprimibile.

Ed è proprio questo il centro del problema perché «I confini non attraversati dalle merci sono attraversati dagli eserciti!».[1]

In effetti, se è pur vero che questa è un'immagine un po' *rétro*, è comunque vero che quello raffigurato è il punto politico essenziale: evitare che la chiusura dei confini o delle merci porti con sé, fatalmente, il transito degli eserciti.

Ed è questo, oggi, il punto politico centrale: l'asimmetria strutturale e funzionale che è in essere tra commercio e regole.

Se infatti il movimento delle merci è transnazionale, le regole che lo governano, o che dovrebbero governarlo, sono in realtà ancora nazionali, o solo parzialmente internazionali, o spesso addirittura assenti!

Ed è così che, in alternativa rispetto al caos, deve essere eliminata proprio questa asimmetria: l'asimmetria tra merci e regole, tra merci che circolano su scala globale e regole insufficienti o assenti.

In effetti, già nel 2003, all'interno del G7 economico, rilevata l'assurdità politica di un mondo in cui l'unica regola era l'assenza di regole, su iniziativa italiana la formula tradizionale *free trade* fu sostituita con la nuova formula *rules-based trade*.

Introducendo così per la prima volta l'idea che, in materia di commercio, le regole fossero strategiche.

E c'era del resto, e c'è ancora, al riguardo, un grande precedente storico.

Nel 1944 a Bretton Woods il mondo, ancora in bilico tra guerra e pace, si unì sull'idea di sviluppare la pace basandola su di un comune standard giuridico del commercio.

Oggi può e anzi deve essere il tempo per un nuovo standard, per un Global Legal Standard (GLS), come nel 2009 fu proposto dal Governo italiano come formula per superare la crisi del 2008.

La forma del GLS era quella di un nuovo *ius cosmopoliticum* già allora necessario, ma oggi indispensabile.

Necessario come ponte tra aree del mondo che oggi si vedono separate per effetto della crisi della globalizzazione, ma che ancora hanno e avranno tra loro rapporti economici, perché – si ripete – se c'è stata la fine dell'ideologia del mercato, comunque non sarà la fine del mercato, come è del resto dall'immemorabile.[2]

All'opposto, è auspicabile che il superamento con regole di mercato dell'anarchia finora dominante possa essere un'occasione di dialogo con l'altra parte, e in specie con la parte non occidentale del mondo.

Un'ipotesi, quella di introdurre un Global Legal Standard, che non solo ridurrebbe le patologie e gli eccessi del vecchio e rapace capitalismo *take-away*, ma potrebbe anche costituire la base naturale per lo sviluppo di nuove necessarie regole globali e anche ambientali.

In effetti, nel corso del 2009, sostenuto da un gruppo di intellettuali, il Governo italiano formulò con il GLS un decalogo di regole ordinate al passaggio dal *free trade* a un nuovo e più ordinato *fair trade*, basato sulla separazione fondamentale tra economia produttiva ed economia speculativa, tra attività industriali e attività finanziarie.

Non era sufficiente che a valle il prezzo di un

prodotto fosse giusto, si pensava infatti che fosse necessario che, a monte, fosse giusto anche il suo processo di produzione.

E fu così che, all'articolo 4 del GLS, si prevedeva il rispetto di regole «ambientali e igieniche».

E, a proposito per esempio di Covid, si noti che si era nel 2009!

Regole che avrebbero dovuto costituire la base per un trattato internazionale multilaterale.

Il decalogo fu presentato nella citata lezione tenuta il 19 novembre 2009, non per caso a Pechino, alla Scuola centrale del Partito comunista cinese, e fu anche votato dal Consiglio generale dell'OCSE.

Ma subito dopo fu affossato da forze che al GLS opponevano il Financial Stability Board (FSB), un organismo rivitalizzato *ad hoc* e allora molto attivamente presieduto da Mario Draghi.

E fu questa l'ultima vittoria di Creso. Creso, che ancora credeva possibile rimettere *in bonis* il sistema, che pure era appena crollato. Credeva possibile farlo perché aveva ancora, e saldissima, fiducia nell'arsenale degli strumenti finanziari che, nel corso degli anni Novanta, erano stati inventati e applicati proprio per fare la globalizzazione.

L'idea base dell'FSB era molto semplice: non servono nuove regole per l'economia, è sufficiente introdurre, nei meccanismi della finanza, alcuni *ratios* finanziari, scritti naturalmente da chi se ne intende, e cioè dai finanzieri.

In realtà, per come era strutturato, l'FSB non riduceva, ma anzi incrementava, i fattori di instabilità. E tuttavia, se non produceva i desiderati effetti di *financial stability*, comunque centrava il suo obiettivo essenziale, che era quello di bloccare l'introduzione di regole che avrebbero ridotto drasticamente il potere della finanza. E certo quelle del GLS erano regole di questo tipo.

A tale proposito si ripete che mentre la crisi del 1929 fu superata imponendo alla finanza nuove fortissime regole e punendo veramente i colpevoli, all'opposto con l'FSB si pensava che la crisi potesse essere superata facendo l'opposto: evitando nuove regole e promuovendo, o premiando, i protagonisti del dissesto.

Tuttavia neppure questo fu ed è sufficiente.

E ciò accadeva perché i sostenitori dell'FSB non avevano realizzato di essere come dentro la sequenza di un videogame, con i mostri che arrivano uno dopo l'altro così che, battuto un mostro, ne avanza un altro, nuovo e ancora più grande.

E tuttavia tutto questo ripetere non è affatto fatale. Si può infatti e pur sempre sperare che il mondo sia abbastanza grande per tutti, come «un grande oceano che non può essere diviso in laghi isolati».

E così un mondo in cui Stati Uniti e G7 potrebbero formulare verso la Cina l'ipotesi di una nuova «Bretton Woods».

È vero che la storia non si ripete mai per identità perfette, ma è certo meglio tentare la ripetizione di una nuova «Bretton Woods» piuttosto che aspettare la ripetizione delle guerre.

Di armi, in giro, soprattutto in certe parti del mondo, ce n'è fin troppe, di cibo non quanto basta. È la fiducia che ci serve.

L'*Eneide* di Virgilio, con la pace tra romani e troiani,[3] tra Turno ed Enea, racconta di un'alternativa migliore rispetto a quella rappresentata da Tucidide nella *Guerra del Peloponneso*.

Fermo restando comunque che per l'Occidente, forte della sua libertà e perciò della sua scienza, è assente il rischio di soccombere.

Note

Premessa

[1] Umberto Eco, *Il nome della rosa*, 1980.
[2] Thomas Mann, *La montagna incantata*, 1924.
[3] Costantinopoli, la capitale dell'Impero romano d'Oriente, fu conquistata per mano dei turchi ottomani guidati da Maometto II nel 1453.
[4] L'espressione fu coniata in quegli anni dal cartografo olandese Johannes Janssonius proprio per definire l'Europa.
[5] *Mundus furiosus* è il titolo di un libro che ho scritto quasi dieci anni fa, nel 2016. Perché questo titolo? Per due ragioni: perché usarlo allora era davvero, per così dire, euristico; e perché, dopo mezzo millennio... era ormai estinto il relativo diritto d'autore di Janssonius!
[6] Marguerite Yourcenar, *Memorie di Adriano*, Mondadori, Milano 1989.

1. *Visionari o statisti*

[1] Georges Simenon, *Europa 33*, Adelphi, Milano 2020.
[2] Giulio Tremonti, *Mundus furiosus*, 2016.
[3] WikiLeaks, 30 ottobre 2008.
[4] Il mio saggio ha dato il titolo a un volume collettaneo pubblicato da Mondadori nel 1995.
[5] Edward Luttwak, Giulio Tremonti, Carlo Pelanda, *Il fantasma della povertà*, Mondadori, Milano 1995.

[6] Giulio Tremonti, *Rischi fatali. L'Europa vecchia, la Cina, il mercantismo suicida: come reagire*, Mondadori, Milano 2005.

[7] Id., *La paura e la speranza. Europa: la crisi globale che si avvicina e la via per superarla*, Mondadori, Milano 2008.

[8] Id., *Uscita di sicurezza*, Rizzoli, Milano 2012; id., *Bugie e verità*, Mondadori, Milano 2014; id., *Globalizzazione. Le piaghe e la cura possibile*, Solferino, Milano 2022.

2. *Il nodo di Gordio*

[1] In specie il «*Mein Kampf*» di Putin, strutturato come articolo apparve sul «Financial Times» il 27 giugno 2019, mentre il 12 luglio 2021 venne pubblicato come saggio con il titolo *Sull'unità storica di russi e ucraini*. Un tipo di pensiero, questo, che ha preso poi la sua forma ultima in vari organici documenti antiglobali alternativi.

[2] Più o meno questo il *dictum* di Winston Churchill.

3. *La guerra «civile» ovvero la «pace dei trent'anni»*

[1] Giulio Tremonti, *La guerra civile*, in «il Mulino», 45(5), 1996, pp. 842-856.

[2] Johann Wolfgang von Goethe, *Faust*, 1832.

[3] Karl Marx, Friedrich Engels, *Manifesto del partito comunista*, 1848.

[4] Giulio Tremonti, *Una rivoluzione che svuoterà i Parlamenti*, in «Corriere della Sera», 19 luglio 1989.

4. *Il ritorno della guerra*

[1] Dal comunicato congiunto di Leonardo e Rete Ferroviaria Italiana del 15 aprile 2024, consultabile all'indirizzo https://www.leonardo.com/it/press-release-detail/-/detail/15-04-2024-leonardo-and-italian-railway-infrastructure-manager-rete-ferroviaria-italiana-sign-an-agreement-for-military-mobility.

[2] Si noti che l'1 e il 3 ottobre del 2024 il canale televisivo tedesco ARD ha trasmesso un'inquietante fiction sul caso di Alfred Herrhausen, dove si fa notare che la documentazione

relativa è scomparsa da tutti gli archivi, tanto dell'Est quanto dell'Ovest!

[3] Michel Foucault, *Il discorso, la storia, la verità. Interventi 1969-1984*, a cura di Mauro Bertani, Einaudi, Torino 2001.

5. *«All in», la possibile salvezza dell'Europa*

[1] Dal discorso tenuto da Winston Churchill al Westminster College di Fulton, nel Missouri, nel corso della conferenza dal titolo «Risorse di pace», il 5 marzo 1946.

6. *Un vasto programma*

[1] Questo è il titolo del rapporto commissionato a Enrico Letta nell'aprile 2024.

[2] Questo è il titolo del rapporto commissionato a Mario Draghi nel settembre 2024.

[3] A proposito di questo tipo di politica, contraria a ogni ipotesi di intervento pubblico nell'economia, si ricorderà per esempio l'opposizione dell'UE alla proposta di emettere eurobond. Ma su questo si vedrà più avanti, nel capitolo 13.

[4] Mario Draghi, *Europe Can Learn Fiscal Lessons from the UK on How to Achieve its Goals*, in «Financial Times», 1° novembre 2024 [La parte del leone negli investimenti dovrà ancora essere finanziata dal settore privato].

7. *Non c'è stata un'oscura, imperscrutabile maledizione che si è abbattuta sui nostri fertili campi, ma piuttosto tanti errori e colpe*

[1] Giulio Tremonti, *Rischi fatali*, cit.

[2] Vediamo alcuni dati più analitici. Nel 1995 la popolazione mondiale era pari a 5,7 miliardi di individui, oltre il doppio rispetto ai 2,5 miliardi del 1950. Da allora, la popolazione mondiale è salita fino a circa 8 miliardi.

Dal canto suo il PIL globale, che secondo le statistiche del Fondo monetario internazionale (FMI) in termini correnti nel 1995 era pari a 31.180 miliardi di dollari, nel 2024, secondo le previsioni del Fondo stesso, raggiungerà i 110.000 miliardi di dollari circa, ovvero circa 3 volte e mezzo in termini di valori correnti.

Va soprattutto notato che questa è stata una crescita asimmetrica. Per fare un esempio: nel 1995 gli USA avevano un PIL corrente pari a 7640 miliardi di dollari, quello della Cina era pari a soli 786 miliardi.

Nel 2024 il PIL sarà pari a 28.800 miliardi negli Stati Uniti (in apparenza meglio della media mondiale, ma solo per i benefici della valuta), mentre quello della Cina sarà pari a 18.530 miliardi.

Sembrerebbe quindi che gli USA siano ancora largamente il fulcro dell'economia mondiale. Tuttavia, se si considerano i modelli a «parità di potere di acquisto» (calcolati dal FMI, quindi in terzietà), la stima del 2024 è che la Cina abbia un PIL pari a 35.290 miliardi, gli USA pari a 28.800 miliardi. Per suo conto l'India dovrebbe avere un PIL pari a 14.590 miliardi, la Germania un PIL pari a 5690 miliardi.

Ancora in termini correnti, il Giappone del 1995 era la seconda economia mondiale, con un PIL pari a 4360 miliardi di dollari. La Germania, da poco unificata, era terza con 2594 miliardi, la Francia aveva un PIL di 1611 miliardi, il Regno Unito di 1321 miliardi, l'Italia di 1172 miliardi. Se guardiamo gli stessi Stati nel 2024, il Giappone dovrebbe avere un PIL pari a 4110 miliardi di dollari, la Germania pari a 4360 miliardi, la Francia pari a 3130 miliardi, il Regno Unito pari a 3500 miliardi, l'Italia pari a 2330 miliardi.

Nel 1960 il PIL dell'Europa era il 23,5 per cento del PIL mondiale, mentre la sua popolazione era quasi l'8 per cento della popolazione mondiale. Nel 2023 il PIL è sceso di 10 punti – non siamo neanche al 14 per cento e la popolazione non raggiunge il 4 per cento.

Un altro punto di vista: nel 1990 l'Unione europea a 12 Stati membri valeva il 26,5 per cento del prodotto interno lordo mondiale, la Cina l'1,8 per cento. Oggi, l'UE a 27 Stati membri pesa tra il 16 e il 18 per cento del PIL mondiale, la Cina circa il 18 per cento.

[3] Per un approfondimento, con riferimento agli USA e in parti-

colare agli errori compiuti in tema di globalizzazione, si veda Jack Sullivan, *Remarks by National Security Advisor Jake Sullivan on Renewing American Economic Leadership at the Brookings Institution*, 27 aprile 2023, consultabile all'indirizzo https://www.whitehouse.gov/briefing-room/speeches-remarks/2023/04/27/remarks-by-national-security-advisor-jake-sullivan-on-renewing-american-economic-leadership-at-the-brookings-institution/.

9. *L'Europa, il continente più «regolato» del mondo*

[1] In particolare, il numero di «Gazzette ufficiali» dell'Unione europea pubblicate dal 1952 al 6 febbraio 2024 è stato pari a 48.966 unità.

Dal 1952 al 1966 il numero di pagine delle «Gazzette» dello stesso anno seguiva un unico ordine progressivo. Pertanto, per conoscere il numero di pagine pubblicate nell'anno è sufficiente consultare l'ultima «Gazzetta» dell'anno. Nel 1953 erano 212 pagine; il numero è progressivamente aumentato a 1333 pagine nel 1959, fino ad arrivare a 4200 nel 1966.

Il totale di pagine pubblicate dal 1952 al 1966 corrisponde a 25.864.

Per gli anni seguenti, invece, può essere fatta una stima a campione utilizzando la seguente metodologia. Sono state consultate 10 «Gazzette» per anno per calcolare la media di pagine. Tale media è stata moltiplicata per il numero di «Gazzette» pubblicate nello stesso anno. Tale calcolo è stato effettuato per 19 anni, negli anni compresi tra il 1967 e il 2023. Per gli anni restanti sono state calcolate le medie del periodo. Anche in questo periodo si vede un numero crescente di «Gazzette» pubblicate per anno e di pagine: nel 1974 si stimano circa 16.000 pagine; nel 1987 circa 28.800; nel 1998 circa 32.000 pagine; nel 2022 si arriva a 38.000 pagine stimate. La stima delle pagine nelle «Gazzette» pubblicate tra il 1967 e il 2023 è di 1.266.737.

[2] Per avere un'idea, va notato che in Italia le cosiddette autorità indipendenti sono 12 (come negli altri Stati membri) e in specie: Autorità garante della concorrenza e del mercato (AGCM); Commissione nazionale per le società e la borsa (CONSOB); Autorità nazionale anticorruzione (ANAC); Istituto per la vigi-

lanza sulle assicurazioni (IVASS); Commissione di garanzia dell'attuazione della legge sullo sciopero nei servizi pubblici essenziali (CGSSE); Garante per la protezione dei dati personali (GPDP); Autorità garante per l'infanzia e l'adolescenza (AGIA); Garante nazionale dei diritti delle persone private della libertà personale (GNPL); Autorità di regolazione per energia reti e ambiente (ARERA); Autorità di regolazione dei trasporti (ART); Autorità per le garanzie nelle comunicazioni (AGCOM); Commissione di vigilanza sui fondi pensione (COVIP).

[3] In base alla normativa UE, le lumachine di mare possono essere commercializzate solo se vive e vitali, e devono essere sottoposte a controllo sanitario secondo il Regolamento (UE) 2017/625, relativo ai controlli ufficiali effettuati per garantire l'applicazione della legislazione sugli alimenti e sui mangimi, delle norme sulla salute e sul benessere degli animali, sulla sanità delle piante nonché sui prodotti fitosanitari. In particolare, ai fini delle lumachine di mare (indicate con il termine tecnico di «gasteropodi») rilevano gli articoli 18 e 56 del Regolamento.

Le taglie dei pesci che si possono pescare sono regolate dal Regolamento che è il 2019/1241 dove da p. 40 in poi si indicano tutta una serie di calcoli sulle misure dei pesci che si possono pescare, con profluvio di immagini. In questo testo si precisa in specie che «Gli astici, le aragoste e i molluschi bivalvi e gasteropodi appartenenti alle specie per i quali negli allegati V, VI o VII è fissata una taglia minima di riferimento per la conservazione, possono essere tenuti a bordo ed essere sbarcati solamente interi» (essendo piccole conchiglie non si capisce come si potrebbe fare diversamente).

La classificazione merceologica del pollame: in base al reg. (CE) n. 543/2008 recante modalità di applicazione del regolamento (CE) n. 1234/2007 del consiglio per quanto riguarda le norme di commercializzazione per le carni di pollame, un consumatore dovrebbe essere in grado di distinguere un pollo, cioè un animale nel quale la punta dello sterno è flessibile, da un pollo (o gallo) da brodo, animale nel quale la punta dello sterno è rigida, passando per capponi, galletti e giovani galli. L'allegato V al regolamento è veramente parossistico, a partire dalla previsione della densità per metro quadrato di superficie fino al calcolo dell'età di macellazione e, soprattutto, alle tecniche di macellazione calcolando il tenore d'acqua per cui è richiesto l'utilizzo di un'ascia o sega per carne per sezionare i tagli in pezzi che possano essere introdotti nel trituratore. Quest'ultimo dovrebbe essere «abbastanza potente da permettere di sminuzzare carni e ossi surgelati o congelati in modo da ottenere campioni omogenei corrispondenti a quelli che si potrebbero ottenere impiegando un tritacarne provvisto di un disco con perforazioni da 4 millimetri».

Il reg. (UE) 2024/1991 sul ripristino della natura, che modifica il regolamento (UE) 2022/869, non soltanto misura la qualità di terreni produttivi in agricoltura attraverso la contabilità delle farfalle, ma obbliga gli Stati a impedire la perdita di copertura della volta Arborea urbana in corrispondenza degli ecosistemi urbani prevedendone la mappatura di sobborghi e agglomerati in ogni città.

Si considera, poi, l'approccio del consumatore allo scaffale: nel settore vitivinicolo il reg. (UE) n. 2117/2021, nel modificare il reg. (UE) n. 1308/2013 recante l'organizzazione comune dei mercati dei prodotti agricoli ha disposto che l'elenco degli ingredienti può essere fornito per via elettronica mediante indicazione sull'imballaggio o su un'etichetta a esso apposta. Pertanto, un consumatore allergico potrà verificare la presenza di determinate sostanze nel prodotto soltanto se in possesso di uno smartphone.

Ancora, il regolamento delegato UE 2023/2429 della Commissione del 17 agosto 2023 che integra il regolamento (UE) n. 1308/2013 del Parlamento europeo e del Consiglio per quanto riguarda le norme di commercializzazione per il settore degli ortofrutticoli, per alcuni prodotti trasformati a base di ortofrutticoli e per il settore delle banane, e che abroga il regolamento (CE) n. 166/1999 della Commissione e i regolamenti di esecuzione (UE) n. 543/2011 e (UE) n. 1333/2011 della Commissione (per le lattughe è ammesso un difetto di colorazione tendente al rosso, causato da un abbassamento di temperatura durante il ciclo vegetativo, sempre che l'aspetto non ne risulti seriamente alterato).

La decisione di esecuzione (UE) 2024/2025 della Commissione dell'8 gennaio 2024 che modifica la direttiva 2002/56/CE del Consiglio per quanto riguarda la data fissata nell'art. 21, paragrafo 3, fino alla quale gli Stati membri sono autorizzati a prorogare il periodo di validità delle decisioni sull'equivalenza dei tuberi-seme di patate provenienti da Paesi terzi.

Il regolamento di esecuzione (UE) n. 133/2011 della Commissione del 19 dicembre 2011 che stabilisce norme di commercializzazione e requisiti relativi alle notificazioni nel settore della banana (la lunghezza minima e il grado minimo sono fissati rispettivamente a 14 centimetri e 27 millimetri; «le banane devono essere presentate in mani o frammenti di mani composti al minimo di quattro frutti. Le banane possono essere anche presentate sotto forma di frutti individuali. Per singolo imballaggio sono tollerati al massimo 2 frutti mancanti per frammento di mani, a condizione che il peduncolo non sia strappato bensì reciso con un taglio netto, senza danni per i frutti vicini. All'interno dell'imballaggio, per ogni fila, è ammesso non più di un frammento di mano con soli 3 frutti, a condizione che abbia le medesime caratteristiche delle altre banane contenute nell'imballaggio stesso)».

Il regolamento di esecuzione (UE) n. 543/2011 della Commissione del 7 giugno 2011 recante modalità di applicazione del regolamento (CE) n. 1234/2007 nei settori degli ortofrutticoli freschi e degli ortofrutticoli trasformati: per esempio 1) per i kiwi il rapporto diametro minimo / diametro massimo, misurato nella sezione equatoriale all'asse del frutto, deve essere di almeno 0,8; 2) per garantire un calibro omogeneo, la differenza di calibro tra i frutti di uno stesso imballaggio non deve superare per i pomodori un diametro di 10 millimetri, se il diametro del frutto più piccolo (secondo indicazione dell'imballaggio) è < 50 millimetri; 3) le mele devono presentare la colorazione tipica della varietà sulla seguente porzione minima di superficie: 3/4 della superficie totale di colorazione rossa per le mele del gruppo di colorazione A; 1/2 della superficie totale di colorazione rossa mista per le mele del gruppo di colorazione B; 1/3 della superficie totale di colorazione leggermente rossa, arrossata o striata per le mele del gruppo di colorazione C; 4) sono ammessi i seguenti lievi difetti della buccia delle pesche, purché essi non pregiudichino l'aspetto generale, la qualità, la conservazione e la presentazione nell'imballaggio del prodotto: un lieve difetto di forma, un lieve difetto di sviluppo, lievi difetti di colorazione, lievi segni di pressione su una superficie totale non superiore a 1 centimetro, lievi difetti della buccia su una superficie non superiore a 1,5 centimetri di lunghezza per i difetti di forma allungata e 1 centimetro quadrato di superficie totale per gli altri difetti.

Il regolamento (UE) 2019/1241 del Parlamento europeo e del Consiglio, del 20 giugno 2019, relativo alla conservazione delle risorse della pesca e alla protezione degli ecosistemi marini attraverso misure tecniche, che modifica i regolamenti (CE) n. 2019/2006, (CE) n. 1224/2009 e i regolamenti (UE) n. 1380/2013, (UE) 2016/1139, (UE) 2018/973, (UE) 2019/472 e (UE) 2019/1022 del Parlamento europeo e del Consiglio, e che abroga i regolamenti (CE) n. 894/97, (CE) n. 850/98, (CE) n. 2549/2000, (CE) n. 254/2002, (CE) n. 812/2004e (CE) n. 2187/2005 del Consiglio (taglie minime di riferimento per la conservazione di alcuni prodotti fra cui vongole 22 millimetri, occhialone 33 centimetri, gambero rosa del Mediterraneo 20 millimetri e capesante 10 centimetri).

La direttiva c.d. breakfast, n. 1438/2024, che modifica, tra l'altro, la direttiva n. 2001/110 sul miele introduce, per l'individuazione del Paese di origine, un ordine concepito alla stregua di bambole matrioska. Pertanto, se in termini generali l'origine è quella del Paese in cui il miele è stato raccolto, occorre, poi, distinguere: perché se il prodotto è originario di più Paesi, ciascuno di essi deve essere indicato in ordine decrescente rispetto al peso e alla percentuale, fatta salva una soglia di tolleranza. Nel caso in cui il numero dei Paesi sia superiore a 4 e la relativa quota costituisca oltre la metà della miscela viene, tuttavia, prevista la menzione della sola percentuale di tali Paesi, mentre gli altri sono indicati in ordine decrescente senza percentuale. Con riguardo agli imballaggi contenenti quantitativi netti di miele di peso inferiore a 30 grammi, comunque, i nomi dei Paesi in cui il miele si è raccolto sono sostituiti da un codice standard.

[4] Karl Marx, *Dibattiti sulla legge contro i furti di legna*, 1842.

10. *Dalla «troika» al «crematismo»*

[1] In Barbara Spinelli, *La sovranità assente*, Einaudi, Torino 2014, si legge in specie quanto segue: «[...] perché le cosiddette riforme strutturali siano attuate senza rimorsi né esitazioni. È quel che ha perentoriamente chiesto Mario Draghi, presidente della Banca Centrale Europea, il 7 agosto 2014. Non ha spiegato cosa siano queste riforme, perché ormai tutti lo sanno (all'Italia sono state spiegate dalla lettera di Trichet e Draghi: tagli al welfare, abolizione della contrattazione salariale collettiva, riduzione significativa dei costi del pubblico impiego e se necessario degli stipendi, piena liberalizzazione dei servizi pubblici locali e dei servizi professionali oltre a privatizzazione su larga scala ignorando i referendum dei cittadini come quello sull'acqua e servizi pubblici locali). Draghi non ha precisato verso quale nuovo potere democraticamente legittimato debbano essere delegate le sovranità nazionali. La risposta l'aveva già data nel febbraio 2013: il nuovo sovrano è un "pilota automatico" che impone le riforme indipendentemente dalle vicissitudini elettorali per meglio rispondere al solo plebiscito legittimo, che è quello dei mercati e della finanza internazionale».

[2] Fabio Panetta, Meeting di Rimini, 2024: «La risposta alla crisi dei debiti sovrani del 2010-2012 – che fece seguito alla crisi finanziaria del 2008-2009 – ha rappresentato un passo falso nel cammino europeo, anche a causa dell'incompletezza dell'assetto istituzionale. Le politiche di austerità adottate in quella fase hanno accentuato in più Paesi gli effetti recessivi della crisi, rendendo la successiva ripresa lenta e fragile, e provocando fratture economiche e politiche tra Stati membri».

[3] Così, per esempio, Jean Monnet.

[4] Umberto Eco (a cura di), *Antichità. La civiltà greca. Filosofia*, in *Storia della civiltà europea*, vol. 6, EncycloMedia Publisher, Milano 2014.

11. *Undici addizionali errori europei*

[1] Lettera inviata il 29 settembre 2008 da Tremonti a Lagarde, allora presidente europeo di turno.

[2] Si veda Jean-Claude Juncker, Giulio Tremonti, *E-bonds Would End the Crisis*, in «Financial Times», 5 dicembre 2010.

12. *La cosiddetta «policrisi»*

[1] Giulio Tremonti, *Globalizzazione. Le piaghe e la cura possibile*, Solferino, Milano 2022.

13. *Che fare, per un'Europa che ormai vive la fine della sua seconda «Belle Époque»?*

[1] Il principale problema della difesa europea è che si spende relativamente poco. Gli Stati Uniti, sommando il bilancio del Pentagono (quasi 900 miliardi di dollari), l'intelligence (100 miliardi di dollari), il dipartimento dei Veterani (380 miliardi di dollari), la parte del bilancio del dipartimento dell'Energia che finanzia le armi nucleari (25 miliardi di dollari), la NASA, arrivano a oltre 1,4 triliardi di dollari. L'Europa, anche considerando il Regno Unito e la Turchia, non arriva a 400 miliardi di dollari. In termini pro capite, l'Italia spende circa 500 euro l'anno, la Germania circa 700 e la Francia circa 900.

Un altro problema è che si spende male. La difesa ha cinque principali voci: equipaggiamento, ricerca, personale, operazioni di manutenzione, basi militari e infrastrutture.

Quando si chiede all'Europa di spendere meglio, si parla spesso di riunire insieme più Paesi per lo sviluppo e l'acquisto di singole piattaforme militari (dal lato della domanda: aerei, navi, carri armati) e quindi favorire un maggiore consolidamento dell'industria (dal lato dell'offerta). La voce equipaggiamento in Europa vale però oggi solo circa 50 miliardi di euro l'anno. Negli Stati Uniti vale 180 miliardi di dollari. Due criticità sono evidenti. In primo luogo, per quanto si possa ottimizzare la spesa europea, questa rimane significativamente inferiore a quella americana, e il paragone diventa ancora più preoccupante se si guarda alla spesa in ricerca e sviluppo (dove gli Stati Uniti investono circa 120 miliardi di dollari mentre l'Europa è ferma a una decina di milioni di euro). In secondo luogo, iniziative volte a consolidare domanda e offerta non toccherebbero il grosso della spesa, ovvero gli altri 200 miliardi di euro circa l'anno che non riguardano l'equipaggiamento.

Si spende dunque male anche e forse soprattutto perché in Europa:

- la spesa in personale è più alta (rispetto agli USA);
- le spese in equipaggiamento e in ricerca sono più basse (rispetto agli USA);
- una quota significativa della spesa viene assorbita da duplicazioni difficili da superare in un sistema di Stati sovrani: basi militari, personale amministrativo, centri di formazione, centri logistici.

L'Europa ha infine un evidente problema di innovazione tecnologica civile e militare. È anche per questo che servono gli eurobond!

[2] Edgar Morin, *L'avventura del metodo*, Raffaello Cortina, Milano 2023.

[3] Georges Simenon, *Europa 33*, cit.

14. *Il resto del mondo*

[1] Così Giulio Tremonti, nel volume *Il fantasma della povertà*, cit. E poi, sempre qui: «Per contro, attirata da masse di manodopera a basso costo e da spazi sconfinati di mercato potenziale la ricchezza dell'Occidente ha cominciato a sua volta a migrare, da ovest verso est».

[2] In italiano: vai a guidare il trattore a ottant'anni, ammesso che tu abbia il trattore.

15. *Pace o guerra? Una nuova «Bretton Woods»*

[1] Frédéric Bastiat, *Armonie economiche*, 1850.

[2] È stato scritto da Einaudi, in uno scritto ancora attuale: «Il mercato non è uno stato di natura per fare vincere il più forte, ma un insieme di regole utili a tutti».

[3] Cfr. T.S. Eliott, discorso tenuto alla Virgil Society di Londra il 16 ottobre 1944.

Indice

Finito di stampare nel mese di dicembre 2024
per conto di RCS MediaGroup S.p.A.,
da Rotolito S.p.A., Via Sondrio, 3, Pioltello (Milano)
Printed in Italy